윤리가 밥 먹여준다

윤리가 밥 먹여준다

지은이 | 조관일

1판 1쇄 인쇄 | 2017년 1월 5일
1판 1쇄 발행 | 2017년 1월 15일

펴낸곳 | (주)지식노마드
펴낸이 | 김중현
디자인 | 제이알컴
등록번호 |제313-2007-000148호
등록일자 | 2007. 7. 10
서울특별시 마포구 양화로, 133, 1201호
전화 | 02) 323-1410
팩스 | 02) 6499-1411
홈페이지 | knomad.co.kr
이메일 | knomad@knomad.co.kr

값 15,000원

ISBN 979-11-87481-12-6 03320

* 잘못 만들어진 책은 구입하신 서점에서 교환해 드립니다.

윤리가 밥 먹여준다

윤리경영과 직업모럴

글·그림 조관일

nomad
지식노마드

원칙으로 돌아가자

"선생님, 윤리에 관한 강의를 부탁드립니다."

요즘, 그런 강의 신청이 부쩍 늘었다. 왜냐고? 세상 돌아가는 걸 보면 짐작할 수 있을 것이다. 통계 수치나 조사 발표를 볼 것도 없다. 최근 일주일 동안의 TV 뉴스를 떠올려보자. 멀리 볼 것도 없다. 어젯밤 TV의 종합뉴스를 떠올리거나, 더 가깝게는 오늘 아침의 조간신문을 펼쳐보자. 정말 그렇게 해보라. 우리의 실상이 어느 정도인지 실감나게 다가올 것이다. 그리고 오늘 밤 TV의 종합뉴스를 한번 보라. 아마도 부정하고 부패한 사건에 관한 소식이 머리기사를 장식할 확률이 매우 크다.

실제로 이 책을 쓰기 위해 어제오늘의 뉴스를 살펴보니 이랬다. 한마디로 정신이 없다. 세상에 썩지 않은 곳이 없는 것 같다.

벤처 신화로 명성을 날리던 젊은 기업인에서부터 세계적 명성의 오케스트라 지휘자에 이르기까지 줄줄이 검찰의 조사를 받기 위해 포토라인에 섰다(무죄냐 아니냐는 나중의 문제다). 거칠 것 없이 출셋길을 질주하며 각광을 받던 고위 관료에서부터 정의를 실현하기 위해 멸사봉공한다던 검찰의 간부조차 '그놈의 돈' 때문에 온갖 수모를 다 겪는

4

다. 그뿐인가. 취중에(정말 취했는지 아닌지는 모르겠다) 말 한마디를 잘 못하여 공들여 쌓아올린 출세탑이 와르르 무너져 내리는 사람이 있는가 하면, 저질의 갑질과 권력 다툼이 녹취록 한방으로 들통나서 진땀을 흘려야 하는 정치인의 얼굴도 카메라에 잡힌다.

어제오늘만 그런 게 아니다. 문제는 이런 유형의 사건 사고들을 어쩌다 한번 보는 게 아니라는 점이다. 주인공이 바뀔 뿐이지 소설 같은 실화가 거의 매일이다시피 신문과 TV의 톱뉴스를 장식하고 있다.

고위 공무원이나 기업인 등 내로라하는 사람들만 그런 게 아니다. 크게 보도되지 않았을 뿐이지 신입 사원에서부터 이름 없는 경영자와 간부에 이르기까지 알게 모르게 윤리적 일탈을 하고 있는 게 현실이다.

"정말 왜들 이러지?"라는 장탄식과 함께, 어떻게 사는 것이 잘 사는 것이며 무엇이 진정한 성공인지 돌아보게 된다. 얼마나 한심했으면 방송 출연으로 이름이 잘 알려져 있고 "사람은 누구나 명성만큼 추악하다. 그 자리에 오를 때 남을 밟고 오르는 법이다. 가장 선두 주자는 가장 사악한 사람일 가능성이 높다."(2016년 1월 14일에 방영된 JTBC〈썰전〉에서)는 등의 명언을 계속 들려주고 있는 전원책 변호사가 '모두가 미쳐버린 사회'라며 육두문자까지 써서 질타했을까.

"세상이 어지럽다. 질서는 사라지고 시스템은 무너졌다. 온통 뒤죽박죽이다. 가진 자 배운 자부터 해먹기 바쁘다. 도둑놈들이 당최 부끄러운 줄 모른다. 온통 도둑놈 천지다 보니 그런 것이다. 들통나면 그건

운이 나빴을 뿐이다. (중략) 그래서 이 나라는 망한다. '모로 가도 서울만 가면 된다.'는 편법이 지배하는 사회, 불의든 뭐든 성공한 자의 궤적은 찬사를 받는 사회, 내 이익이 첫 번째 잣대가 된 사회가 어찌 망하지 않겠는가. 그저 참담하고 참담할 뿐이다."(매일신문, 2016. 7. 20.)

사실 그의 칼럼은 구구절절 옳은 말이어서 전문을 다 읽어볼 가치가 있지만 이 정도로 한다(궁금한 사람은 인터넷에서 기사를 보면 될 것이다). 그의 글을 읽노라면 이러다 정말 우리 사회가 어떻게 되는 게 아닌가 하는 절박감이 든다. 그도 우리나라가 망해서는 안 된다는 애절한 심정을 역설적으로 저렇게 표현했을 것이다. 문제는 부정부패로 인해 나라가 금방 망하지는 않겠지만 회사, 기업, 조직 그리고 개인은 졸지에 정말로 망할 수 있다는 사실이다. 우리 모두 뼈저린 반성이 있어야 한다. 도둑놈은 아닌지, 썩은 것은 아닌지, 명성만큼 추악한 것이 아닌지, 선두 주자로서 사악한 것은 아닌지, 가짜는 아닌지, 끼리끼리 해먹으며 내 이익을 첫 번째 잣대로 삼고 있는 사람은 아닌지, 그리고 권력에 눈먼 것은 아닌지 말이다. 지속 가능한 발전까지는 아니더라도 최소한 패가망신하지 않기 위해서라도 말이다.

너나 잘하라고?

필요는 발명의 어머니라고 했던가? 수요는 공급을 창출하던가? 세상이 이러다 보니 국가 기관은 물론이고 기업과 단체 등의 조직에서 윤리 교육을 강화하기에 이른 것이다. 때로는 직업모럴, 윤리경영 등 표현은 조금씩 다르지만 말이다.

제아무리 유능하고 머리가 좋으면 뭐하는가. 기본이 안 돼 있으면 말짱 황인 것을. 아니 유능한 사람, 머리 좋은 녀석일수록 유능하게 부패하고 머리 좋게 해먹으니 더 문제가 된다. '튀는 사람이 창의성이 있다.'는 속설(?)을 믿고 채용했더니 창의적으로 해먹고 튀니 이를 어쩌겠는가. 그동안 많은 예산과 시간을 들여 사원들을 자기 계발 시켜놨더니 부패 계발, 부정 계발에 기여한 결과가 되고 만 셈이다. 그래서 부랴부랴 윤리 교육이라는 이름의 원칙 교육, 도덕 교육, 기본 교육으로 회귀하게 된 것이다.

그런데 윤리 교육을 시키면 웃기는 장면이 연출된다. 교육을 받는 사람들이 삐딱하게 이렇게 되받아친다는 사실이다. 내심으로 말이다.

'너나 잘하세요.'

'너는 깨끗하냐?'

'너도 털어볼까?'

이런 식이다. 때로는 "윤리에 관한 교육은 우리에게 하지 말고 경영층이나 간부에게 하라."고 반발한다. 그러니 교육 효과가 기대에 못 미치고, 상부의 지시에 따라 억지로 시행되는 의무 교육이 되고 만다.

그러나 잊지 마라. 윤리·도덕은 삐딱하거나 되받아 반발할 성질의 것이 아니다. 남들이 반윤리·비도덕적이라고 해서 당신도 그럴 수는 없는 것이다. 남이 망한다고 함께 망할 일은 아니지 않는가? 너나 잘하라고 반발할 것이 아니라, 나만 잘하면 되는 것이다.

가난하게 태어나 헌츠먼 코퍼레이션을 창업하였고 평생 동안 편법이 아닌 원칙 중심의 윤리경영으로 포춘지 선정 세계 500대 기업으로 키워낸 존 헌츠먼Jon M. Huntsman이 말했다.

"모두가 다 똑같이 정직할 수는 없다거나 편법을 쓰지 않고는 오늘날의 치열한 경쟁에서 살아남지 못한다는 믿음은 편리한 것 같지만 그 유혹의 결과는 내리막길"이라고. 도덕적인 파산은 곧 파멸을 의미한다고. 그러면서 그는 우리가 어린 시절에 배우고 되새긴 도덕적 핵심 가치로 재무장해야 한다고 권했다.

"공정해라, 속이지 마라, 예의를 지켜라, 진실만을 말하라, 공평히 나누어라, 약속을 지켜라 등 어릴 적의 처방들이 치열한 경쟁 환경으로 인하여 잊혔는지는 모르지만 우리는 다시금 도덕적인 인간이 되기 위한 회생 작업을 벌여야 할 시기가 왔다."

그가 《원칙으로 승부하라》(이선영 옮김, 럭스미디어, 2011)에서 한 말이다.

윤리는 '어떻게 살 것인가'의 문제

지금까지 50권에 달하는 자기 계발서를 써온 내가 가장 기본이 되는 책-직업모럴이나 윤리·도덕에 관한 책-을 이제야 손대게 된 데는 나름의 이유가 있다. 그 첫째는 남에게 충고를 할 만큼 '나는 괜찮은가'에 대한 자신감이 부족했고, 둘째는 역설적이지만 자신감이나 자격을 논하기에는 작금의 상황과 기준이 엄청나게 달라졌다는 점이다.

소위 '김영란법' 하나만 봐도 알 수 있을 정도로.

어쩌면 나이 든 사람으로서 지난날을 돌아볼 수 있는 여유가 생겼기 때문일 수도 있고, 또는 현직을 떠난 사람으로서 지난날을 반성하며 진솔한 이야기를 털어놓을 수 있기 때문일 수도 있다. 결론적으로, TV 프로그램의 제목처럼 '이제는 말할 수 있다.'고 판단한 때문이라는 말씀이다. 어쨌거나 나는 책을 쓰기로 했다.

사실 윤리니 도덕이니 하는 것은 상식이다. 뻔한 이야기다. 자칫하면 "공자 왈 맹자 왈" 하게 된다. 더군다나 우리는 오랫동안 윤리와 자기 이해가 충돌하는 사회에서 살아왔다. "나만 봉이 될 수는 없어!"라며 이 갈등을 애써 외면해왔다.

'내가 대접받고 싶은 대로 남을 대접하라.'는 황금률은 자본주의에 와서 '행복해지고 싶으면 돈을 벌어라.'로 바뀌었다. 근면하고 절약하면 누구나 부자가 될 수 있다는 벤저민 프랭클린Benjamin Franklin의 금언은 '내 이익과 남의 이익이 상충하면 내 이익을 챙겨라. 남의 이익을 먼저 생각하는 봉이 되어서는 안 된다.'로 바뀌었고, '쓰러질 때까지 쇼핑하라.'가 행복을 대치하는 슬로건이 되었다.

그러나 이미 변화는 시작되었다. 근검과 절약은 지구 생태계를 보존하기 위한 건강한 소비와 연결되고, '쓰러질 때까지 쇼핑하라.' 대신 '버리는 즐거움'을 선택하는 경우도 늘고 있다.

삶의 의미는 내 자아의 만족에 있다며 내부로 침잠하기보다 봉사와 기부 등 나를 넘어선 의미를 가지는 활동에 참가함으로써 삶의 의미를 채울 수 있다는 주장이 힘을 얻고 있다.

이번 책에서는 글의 분량을 적게 하는 대신에 서툴지만 직접 그린 삽화로 분위기를 살리며 나의 메시지를 독자들에게 간절히 전달하려고 애썼다. 그리하여 독자 스스로가 판단하고 느끼며 그에 따라 생각을 바꿔 실천하는 책이 됐으면 하는 소망을 갖고 집필하였다.

그뿐만 아니라 단순히 윤리·도덕에 그치지 않고 직업의식이나 프로 근성 등 직장인의 바람직한 자세와 당당하고 품격 있는 삶에 대한 영역까지 확장시켜 다뤘다. 윤리 문제는 궁극적으로 '어떻게 법망에 걸리지 않을 것이냐.'의 차원이 아니라 '어떻게 살 것인가.'의 과제라는 믿음에서다.

이제 원칙으로 돌아가야 한다. 그것이 기본이다. 삶의 기본이요 직장 생활의 기본이다. 그러지 않으면 당신의 하루하루는 매우 불안해진다. 삶이 초라해진다. 인생이 어느 순간에 곤두박질할지 모른다. 지속 가능한 경영, 지속 가능한 삶이 불가능하다. 한 방에 훅 갈 수 있다는 말이다.

우리가 종종 읊조리던 윤동주 시인의 시구 "하늘을 우러러 한 점 부끄러움이 없기를"은 이제 시가 아니라 현실의 지표가 됐다. 세상이 확실히 바뀌고 있다. 그 변화에 적응하면 살 것이요, 그러지 못하면 내일은 없다.

청계산 기슭에서
조관일

제1장

세상이 달라졌다
– 한 방에 훅 간다

ETHICAL WISDOM

이 책을 쓰기로 작정하고 자료를 모아 집필을 시도하고 있을 때 두 개의 큰 사건(?)이 발생하였다. 하나는 말도 많고 혼란스럽던 소위 김영란법이 작동을 시작한 것이고, 또 하나는 나라를 완전히 뒤집어놓은 최아무개라는 여인의 국정 농단에 관한 것이다.

김영란법이 청탁을 금지한 쩨쩨한(?) 차원의 것이라면, 국정 농단의 사건은 국기를 송두리째 뒤흔들며 나라를 위기로 몰아간 희대의 사태였다. 그것은 나라를 어떻게 경영해야 하는지, 리더십이 무엇인지를 심각하게 되돌아보게 한 사건임은 말할 것도 없고, 과연 우리가 어떻게 직장 생활을 해야 하는지, 각자 맡은 바 본분을 어떻게 다해야 하는지, 그리고 더 나아가 어떻게 살아야 하는가를 윤리와 직업모럴의 차원에서도 깊이 반성하게 한 기막힌 사건이라 할 수 있다.

특히 후자의 경우, 나라의 핵심에서 일하는 사람들이 고작 그렇게밖에 처신하지 못하는지 통탄을 자아내고도 부족할 지경이었다. 해외

유학과 고시 합격 등 좋은 머리에 넘치게 배운 사람들이 출세를 위해 곡학아세를 서슴지 않고, 자기가 뭐하는 사람인지조차 망각한 채 온갖 부정과 비리, 그리고 인간적 저질스러움을 그대로 드러냈다. 그뿐만 아니라 그동안 권력의 위세에 눌려 숨소리를 죽이며 방관 내지는 동조하던 사람들까지 '때는 이때다.'라며 온갖 사적 원한을 풀어 말초적이고 선정적인 이슈로 폭로하고 등을 돌리는 세태에는 절망감마저 들었다. 잘못을 저지른 사람이나 그때를 노려 얍삽하게 처신하는 사람이나 도긴개긴이었다. 내가 보기에는…….

어쨌거나 작금의 일들이 분발하여 책을 쓰는 데 큰 동력이 됐음은 물론이다. 윤리와 도덕, 그리고 직업모럴 등에 대하여 더 많은 생각을 더 깊이 하게 하였다. 일련의 사건과 상황을 지켜보면서, 우리는 모두 '어떻게 직장생활을 할 것인가.'를 뛰어넘어 '어떤 삶을 살 것인가.'를 심각하게 고민해봐야 할 것이다. 세상은 확실히 변했다.

김영란법
-윤리의 역사가 바뀐다

일명 김영란법을 책머리에 들먹이는 이유가 있다. 이것이 윤리나 직업모럴의 역사(?)에서 차지하는 비중이 매우 크기 때문이다. 거대한 분기점이 되기 때문이다. 그 이전에도 윤리나 직업모럴을 가볍게 다뤄온 것은 아니다. 수많은 사람들이 책을 통해 또는 강의를 통해 쉼 없이 강조해왔다. 그럼에도 실상은 어땠는가? 김영란법이 막상 작동하자 세상이 시끄럽다는 것은 무엇을 의미하는가? 그동안 윤리와 직업모럴을 강조해왔음에도 불구하고 그에 대한 우리들의 인식과 실행은 아직 멀었다는 것을 뜻하는 것이다.

김영란법이 헌법재판소에서 합헌 결정이 나자 세상이 시끄럽다. 숨죽이며 위헌 결정이 나길 기대했던 사람이 많았던 것 같다. 농수축산업자들의 반대야 생계 문제니까 그렇다 치고, 보통 사람들의 눈에는 비싼 밥을 못 얻어먹을까 봐 또는 명절에 비싼 선물을 못 받을까 봐 그러는 것처럼 보이는 사람들도 없지 않다. 한마디로 웃긴다.

합헌 결정이 난 후 TV에 여러 사람이 나와서 김영란법에 대하여 토론하는 장면이 눈에 띄었다. 그런데 정말 한심스런 이야기를 한다. 얼굴이 잘 알려진 방송 진행자가 이렇게 이야기를 전개하는 것이다.

"이제 일찍일찍 집에 들어가야겠어요. 2차 갔다가는 3만 원이 훌쩍 넘을 거니까요."

그러자 다른 패널이 맞장구친다. 그 역시 잘 알려진 인물.

"이제 웬만한 한정식집, 골프장은 문 닫아야 할 거고, 명절 때 한우 먹기 힘들 겁니다."

물론 약간은 농담 투였다. 웃자고 한 말일 것이다. 그러나 TV에서 할 말과 해서는 안 될 말을 구분 못하다니. 아니, 엉겁결에 그들의 인식과 지금까지의 생활 행태가 그대로 드러났다고 보는 게 맞다. 지금까지 남의 돈으로 저녁 먹고 2차 갔다는 것이며, 남의 등을 쳐 한정식집을 다니고 골프를 쳤으며, 남이 보낸 한우로 차례 상을 차리고 조상님께 감사했다는 이야기가 될 것이다. 사회의 여론을 이끈다는 사람들이 이런 수준이니 다른 사람들은 어떨지 대충 짐작이 간다. 안타깝다.

세상이 바뀌고 있음을 직시해야 한다. 아니, 완전히 바뀌었다. 아직도 세상이 달라진 것을 모르고 향수(?)에 젖어 있는 사람들을 위해 환경운동연합의 장재연 공동대표가 명쾌한 해답을 제시했다.

"서민 경제, 농가와 축산업을 걱정하는 척하며 실제로는 골프장이나 룸살롱, 호화 식당을 걱정하는 건 아닌가?"라고 전제하고는, "김영란법에 저촉되지 않는 방법은 지극히 간단하다. 그냥 자기가 먹은 밥값, 자기가 내면 된다. 그러면 3만 원 아니라 30만 원 넘어도 된다."고 했다. 문제는 복잡한 듯하지만 해답은 정말 간단하다(그래도 이해가 안 되는 사람은 http://blog.naver.com/free5293/220774456474을 검색해보면 장재연 대표로부터 더 많은 답을 얻을 수 있다).

김영란법의 취지와 해법은 명쾌하다. 복잡하지 않다. 내 밥은 내 돈 내고 먹고, 한우 농가가 그렇게 걱정되면 명절 역시 내 돈으로 한우를 많이 사서 실컷 먹으면 되는 거다. 화훼 농가의 어려움이 그토록 가슴 아프면 자기 돈으로 꽃을 사서 집에 장식 좀 해놓고 살면 된다. 결론적으로 공짜 바라지 말고 깔끔하게, 깨끗하게, 당당하게 살자는 말이다. 그거 얼마나 멋진 삶인가? 그것이 달라진 세상에 적응하는 아주 간단한 요령이다. 김영란법은 결국 멋지고 당당하게 살라는 법이다.

왜 윤리인가?
-가장 안전한 '주변머리'

왜 세상이 달라졌다고 하는가? 예전이라고 해서 직업모럴이나 윤리·도덕이 중요하지 않았던 것은 아니다. 그러나 이제 기준이 매우 엄격해졌다. 예전에는 그럭저럭 넘어가던 사안도 요즘은 까다롭게 걸려들고 증폭되어 결국 직장 생활은 물론이고 삶 자체를 망가뜨린다. 한번쯤 인터넷에 뜨고 네티즌들에 의하여 폭탄을 맞으면 속된 말로 '한 방에 훅 간다.' 그토록 이상한(?) 세상, 험난한 세상에 우리가 살고 있다. 아니 매우 깐깐하고 투명한 세상을 맞고 있는 것이다. 이 점을 확실히 인식해야 한다. 예전에는 관행으로 슬쩍 넘어가던 일도 지금은 다르다.

세종시에 아파트를 분양받은 공무원들의 분양권 전매 행위가 문제가 된 적이 있다. 검찰은 세종시 출범 초기에 아파트를 특별 공급받아 불법 전매한 공무원이 200~300여 명에 이를 것으로 추정했다. 솔직히 그것이 크게 문제가 될 줄 알았다면 그들이 그렇게 했을까? 모르긴해도 그 분야에 노련한(?) 일부 중개사들이 "다들 그렇게 한다."고 부추기며 법망을 빠져나가는 묘수를 가르쳐주었을 것이다. 왜냐하면 왕년에 분양권 전매 행위는 그렇고 그렇게 넘어갔으니까. 오히려 그렇게 안 하는 사람이 주변머리 없고 수완이 없는 사람이라는 비아냥거림을 받았을 것이다.

그런데 이것이 갑자기 이슈가 되고 뉴스가 되더니 드디어 불똥이 크게 튀었다. 그 이후의 곤혹스런 상황은 더 이상 말할 필요도 없다. 그 중에 출세를 앞둔 고위직이 있었다면 아마도 그것으로 끝장이 날지 모를 일이다.

한마디로 이제 약간의 비난을 받으며 좀 창피한 상황으로 끝나는 시대가 아니다. 양심에 켕기는 정도로 쥐도 새도 모르게 넘어가는 세상이 아니다. 걸리면 걸린다. 지속 가능한 발전은 불가능하다. 즉, 이제는 윤리가 경쟁력이다. 이것이야말로 가장 안전한 '주변머리'요 탁월한 '수완'이다. 윤리가 밥 먹여주니까. 때로는 사느냐 죽느냐의 갈림길이 될 수 있다.

너무 겁주지 말라고? 제발 윤리 문제에 겁 좀 먹고 두려움을 느끼기 바란다. 겁나는 세상, 두려운 세태가 보이지 않는가? 겁을 먹고 두려움을 갖는 게 나쁜 것이 아니다. 그것은 분명히 동기부여의 효과가 있다. 세계적인 미래학자 리처드 워젤Richard Worzel이 그의 책《회사를 떠나라》(이상원 옮김, 푸른숲, 2001)에서 말했다. "사람들이 어려운 상황을 뚫고 나가는 힘, 동기부여는 미래에 대한 '꿈'과 '두려움' 두 가지"라고.

마찬가지로, 혼란한 세상을 유혹의 늪에 빠지지 않고 살아가는 힘도 '꿈'과 '두려움'이다. 당신에게 옳은 꿈, 큰 꿈이 있다면 결코 나쁜 짓을 할 수가 없을 것이요, 추락에 대한 두려움이 크면 클수록 정도를 걸을 테니까 말이다.

직업모럴, 윤리, 도덕의 차이

이 책에서는 직업모럴, 윤리, 도덕 등의 용어가 수시로 등장한다. 모럴과 윤리, 도덕은 비슷하면서 약간의 차이가 있는 용어다.

모럴은 도덕의, 윤리의, 교훈적인, 정신적인 등 포괄적인 의미를 갖고 있다. 반면에 윤리Ethics는 그리스어 에티케Ethike에서 유래한 말로서 '사람으로서 마땅히 행하거나 지켜야 할 도리'를 말한다. 이는 개인적인 양심과 관계가 없는 일종의 '사회적인 규범'이며, 도덕은 사회적 여론, 관습 따위에 비추어 스스로 마땅히 지켜야 할 행동 준칙으로 '개인적 양심'과 관계있다. 즉, 착하게 살고, 다른 사람을 이롭게 하는 이타적인 행동을 의미한다.

윤리는 옳고 그름을 판단하거나 전제를 가지고 행동하는 것이고, 도덕은 전제(여건) 없는 옳은 것을 지향하는 것이라고도 한다. 따라서 윤리와 도덕은 동일한 상황에서 행동 방식을 달리할 수가 있다. 예컨대 적군과 조우했을 때 윤리적인 사람은 그 적군을 사살할 수가 있지만 도덕적인 사람은 사살할 수가 없다. 윤리와 도덕의 차이를 설명하는 이런 유머도 있다. 즉, 윤리적인 사람은 배우자 몰래 다른 짓을 하면 안 된다는 것을 알고 있는 사람이고, 도덕적인 사람은 실제로도 배우자 몰래 외도를 하지 않는 사람이란다. 헷갈려서 무슨 말인지 모르겠다고? 고민할 필요 없다. 직업모럴은 '직업'이 앞에 나오듯이 그 직업이 갖는 특유의 도덕적 규범 또는 의식에 중점을 둔 것이며 나머지는 사전적 의미대로 받아들이거나 맥락으로 이해하면 되겠다.

꼼짝 마라,
숨을 곳이 없다

우리나라의 어떤 국회의원이 술에 취한 상태에서 여성과 택시 안에서 노골적인 애정 표현을 하다가 딱 걸려버렸단다. 물론 아내가 아닌 다른 여성이었을 것이다(아내와 택시 안에서 노골적인 애정 표현을 하는 멋진 국회의원은 거의 없을 테니까). 그런데 그 짓거리가 고스란히 택시 안의 블랙박스에 녹화돼버렸다. 아뿔싸! 그런 '눈'이 있는 걸 깜빡한 것이다.

문제는 이제부터다. 의원의 얼굴을 알아본 택시 기사가 눈감아줬으면 되는데 그 동영상을 인터넷에 공개하겠다고 협박하였다. 헉! 점입가경이다. 그러니 어쩌겠는가. 결국 거액을 주고 무마했다는 이야기다. 한때, 여의도 정가와 인터넷에 떠돌던 흥미진진한 스토리인데 믿거나 말거나지만, 사실이라면 국회의원이나 택시 기사나 피장파장인 셈이다.

이 이야기를 들으며 갑자기 떠오르는 글이 있었다. 얼마 전, 중앙선거관리위원회가 선거철에 내걸었던 표어다.

'불법, 이제는 숨을 곳이 없습니다.'

또 있다. 이번에는 영화 제목이다. 미국의 공포 영화인데 그 내용은 알 필요가 없고 제목만은 가슴에 콱 담아두자.

〈나는 네가 지난여름에 한 일을 알고 있다.〉

정말이지 이제는 숨을 곳이 없는 시대다. 도처에 CCTV가 있고 블랙박스가 있으며, 거의 모든 사람들이 녹음기와 카메라를 소지하고 있지 않은가. 휴대폰 말이다. 그뿐이 아니다. 최근에 이르러서는 하늘에서 드론까지 활개치고 있다. SNS 시대, 즉 대중 소통의 시대요, 무차별 감시의 시대다. 오천만 국민과 최첨단 장치들이 눈을 부라리고 있는데 어디에 숨겠는가.

아니, 숨을 곳이 있고 없고의 문제가 아니다. 당신이 한 일을 누군가 알고 있느냐 모르느냐의 문제가 아니다. 당신의 부정부패나 부도덕함이 발각되고 아니고를 떠나서 각자의 양심에 따라 투명한 직장 생활을 하지 않고는 발을 쭉 뻗고 편히 잠들 수 없다.

강의 때 내가 말했다.

"행복이 무엇인지 압니까? 행복이란 두 발 쭉 뻗고 편히 잠잘 수 있는 겁니다. 그리고 두 발 쭉 뻗고 편한 잠을 자려면 자기 스스로를 확실하게 윤리경영해야 합니다."

청중들이 고개를 끄덕이며 동의했다.

SNS의 충격
- 감시망 사회를 사는 법

앞에서 오늘날을 가리키며 SNS 시대, 즉 대중 소통의 시대요, 무차별 감시의 시대라고 했다. SNS 시대란 트위터나 페이스북 등에서 보듯이 온라인상에서 불특정한 타인과 폭넓은 인적 네트워크를 형성하고 개인의 정보를 공유하는 등 의사소통을 가능하게 함으로써 사람들 사이의 사회적 관계를 크게 넓혀가는 세상이라는 말이다. 이것은 가히 혁명이라 할 수 있는 것으로 훗날에 역사는 현대를 구분하여 SNS 이전과 이후로 나눌 것이라 예측한다.

SNS 세상이란 한마디로 비밀이 없는 세상이다. 모든 정보가 개방되고 공유되기 때문이다. 특히 IT가 발달하고, 남의 일에 간섭하기를 즐기며 비밀을 까발리기를 좋아하는 우리의 특성으로 인하여 SNS의 효과(?)를 톡톡히 누리고 있다.

요즘 경찰이 해결하지 못한 사건도 소위 네티즌 수사대가 나서면 거의 잡아내지 않던가? 트위터나 페이스북 등에 사연을 올리면 순식간에 네트워크가 작동하고 결국 사태를 해결해낸다. 신상털기 등 SNS의 여러 가지 부작용에도 불구하고 궁극적으로 비밀이 없는 투명한 사회를 만드는 데는 큰 공헌을 할 것임에 틀림없다.

나는 수년전부터 SNS를 'Social Network Service'뿐만 아니라 'Surveillant Networking Society'라고 말해왔다. 어느 날 컴퓨터로 글을 쓰다가 SNS를 두드렸는데 '눈'이라는 글자가 나왔다. 영어로 전환하지 않고 한글 기능을 그대로 두고 자판을 두드린 작은 실수에서 흥미로운 사실을 발견해낸 것이다. 'SNS=눈'. 그것을 보고 나는 SNS를 'Surveillant Networking Society'로 재해석했다. 번역하자면 '감시망 사회'라는 뜻이 되고 '눈目'의 상징적 표현이라고 할 수 있다. 다시 말해서 SNS란 좋든 나쁘든 '사방에서 감시하는 사회' '무차별 감시망 사회'라는 의미가 된다. 즉, 비밀이 없는 투명한 사회를 뜻한다.

'감시망 사회'라고 해서 특정한 사정 기관에서 작정하고 당신을 감시한다는 뜻은 아니다(물론 그런 경우도 적지 않다). 우리의 행동이 어떤 형태로든 노출되고 알려지는 투명한 세상이 됐다는 의미다. 흔히, 투명 사회라면 '깨끗하다'는 뜻으로 쓰이는데 여기서는 '비밀이 없다'는 의미이다. 우리의 모든 것이 다 드러나게 돼 있는 사회다.

비밀이 없는 사회, 감시망 사회, 투명한 사회에 대처하는 유일한 길은 그것을 피하고 숨으려 할 것이 아니라 정면으로 돌파하는 것이다. 즉, 제아무리 비밀을 찾고 감시를 한다 해도 꼬투리 잡힐 일이 없으면 된다. 털어서 먼지가 안 나면 그뿐이다. 어떻게 털어서 먼지가 안 날 수 있냐고? 간단하다. 정도를 걸으면 된다. 각자의 양심에 따라 투명한(깨끗하다는 의미) 처신을 하면 된다. 원칙에 맞춰 일하고 깨끗하게 살면 된다. 그 방향추와 기준이 바로 윤리이다.

윤리경영하라
- 그것을 꼭 해야 하는 이유

배출 가스 조작 프로그램으로 문제가 된 폭스바겐과 가습기 살균제로 문제가 된 옥시 사건은 기업의 윤리 부재가 어떤 결과를 가져오는지 잘 보여주고 있다. 이렇듯, 기업의 반윤리적 행태로 인하여 잘나가던 회사가 곤두박질친 사례는 많다. 때로는 기업의 차원이 아니라 경영자가 개인적으로 잘못 처신한 것 때문에 본인은 물론이고 회사까지 흔들린 일도 종종 뉴스에 뜨곤 한다. 일일이 거명하지는 않지만 인터넷에 회장, 갑질, 갑질 논란, 갑질 폭행 등으로 검색해 보라. 비윤리적 행위로 인하여 한 방에 훅 간 사례가 줄줄이 나온다.

잘 아는 바와 같이 기업의 목적은 이윤을 남기는 데 있다고 배웠다. 그러나 그건 이미 옛말이다. 요즘 그런 식으로 경영을 했다가는 수명이 결코 길지 못하다. 아니 기업 수명의 길고 짧음이 문제가 아니라, 왜 기업이 존재해야 하는지 그 이유를 설명하기 힘들다.

이제 기업은 이윤을 남기는 것 이상으로 사회에 대한 공헌 활동이 필수가 되고 있다. 궁극적으로 지속 가능한 경영이 되고 지속적으로 이윤을 내려면 단순히 세금을 잘 내고 정직한 좋은 제품을 만드는 것만으로는 안 된다. 그것은 기본이요, 사회에 대한 공헌 활동을 포함하여 경영 전반에 걸쳐 뼛속까지 윤리가 작동하는 윤리경영을 해야만 한다. 그뿐만 아니라 세상이 발전하는 만큼 윤리경영 역시 계속해서 발전하고 진화해야 한다.

'윤리경영Moral Management'이란 회사 경영 및 기업 활동에 있어서 '윤리'를 최우선 가치로 생각하고, 투명하고 공정하며 합리적인 업무 수행을 추구하는 경영 정신 또는 경영 체계다. 그러나 윤리경영에 대하여는 이쯤 해두고 길게 다루지는 않겠다. 별로 재미가 없을 뿐더러 기업의 경영 행위란 경영학 이론대로 되는 것이 아니라 참으로 복잡미묘하고, 또한 각 기업에 따라 천차만별의 사정이 있는 것이기에 그 회사를 경영하지 않는 사람으로서 왈가왈부하는 것이 뭘 모르는 소리가 될 수 있기 때문이다. 단지, 여건과 상황은 다를지언정 기업이 윤리경영을 해야 하는 현실적인 이유 세 가지만 언급해둔다.

현실적 이유 세 가지

첫째는 윤리경영이 기업의 브랜드 파워를 크게 높이기 때문이다. 이건 상식이다. 윤리경영을 하는 기업이 소비자로 하여금 좋은 이미지를 갖게 하는 것은 당연하다. 참 착한 회사, 사회 발전에 기여하는 회사, 정직하여 그 회사의 제품을 믿고 살 수 있는 회사의 이미지라면 당연히 회사에 이익이 될 것이다. 기업의 좋은 명성은 소비자로 하여금 제품을 선호하게 하고 투자를 하게 할 것이다. 거꾸로 부정부패에 연루된 회사나 경영자가 갑질을 한 회사, 세금을 빼돌린 회사라면 소비자가 어떻게 반응할 것인지는 설명이 필요 없다.

기업의 브랜드 파워가 높아지면 그 구성원은 보람을 느끼고 열심히 일하려는 의욕이 생겨나 생산성이 크게 향상되는 효과가 있다.

둘째는 기업의 윤리가 회사에 대한 자부심과 만족도를 높여 직원의 충성도를 높이기 때문이다. 직원 충성도 연구 기관인 워커 인포메이션Walker Information의 조사 결과에 따르면, 사원들이 자신의 회사가 윤리경영을 하고 있다고 생각할 때 회사를 떠나지 않을 확률이 그렇지 않은 경우보다 6배나 더 높다. 그러나 직장 상사의 의사 결정을 불신하고 소속 회사의 기업 활동에 수치심을 느끼는 경우, 5명 중 4명은 직장에서 기만당하고 있다고 생각하며 곧 직장을 떠날 가능성이 높다고 한다.

이 부분은 상당히 의미 있다. 특히 중소기업의 경우 가장 골치 아픈 문제의 하나가 사원들의 이직 문제다. 회사에 애착을 갖지 않기 때문에 툭하면 사표를 던진다고 CEO들이 울상이다. 그런데 흥미로운 것은 CEO(중소기업의 경우는 CEO가 주인인 경우가 대부분이다)가 존경받는 사람이냐 아니냐에 따라 이직률이 달라진다는 점이다. CEO가 존경받는 가장 핵심 사항이 바로 윤리에 관한 것이다.

셋째는 윤리경영이 실제로 기업에 수익률 증대로 나타난다는 점이다. 사업이 잘된다는 말이다. 앞에서 본 대로 소비자가 그 회사를 좋아하고 종업원의 충성도가 높으면 당연히 나타나는 결과일 수 있다.

미국의 경영 컨설턴트 업체인 타워스 페린Towers Perrin이 기업들의 15년간 실적을 비교한 결과, 윤리경영을 하는 기업의 경우 주주에게 돌아간 수익률이 43%인데 반해 S&P에 등록된 500개 주식회사의 평균 수익률은 이의 절반도 안 되는 19%에 불과했다. 특히 중소기업이 윤리경영으로 바르게 경영한다는 소문이 나면 그 명성으로 인하여 대기업과 파트너십을 맺는 기회도 더 늘어나 사업 성과로 이어진다.

윤리경영은 선택이 아니라 필수다. 시대가 그렇게 요구하고 있다. 그래야 고객은 물론이고 국민들로부터 사랑받고 존경받을 수가 있다. 그러지 않으면 기업의 영속적인 발전과 존속은 불가능하다. 그럼에도 아직도 윤리를 '눈 가리고 아웅'하는 식으로 겉도는 기업이 있다. 아니 많다.

윤리경영이 주요 이슈가 되면서 국가 기관에서 윤리경영 우수기관 또는 기업을 선정하여 포상을 하는데 외화내빈인 경우가 적지 않다. 표창을 받은 기업 중에도 엉터리가 적지 않음을 나는 알고 있다. 때로는 정부의 평가라는 것 자체가 매우 비윤리적으로 실행되고 있음도 나는 안다. 그런 현실을 공기업 사장으로 일할 때 뼈저리게 느꼈다.

이제 제대로 된 윤리경영을 해야 한다. 당당한 것이 아니라면 포상이나 표창 따위는 없어도 된다. 그것이 기업의 명운을 좌우하는 것은 아니니까 말이다. 핵심은 진정성 있는 실천이요, 온전한 윤리경영을 하는 것이다.

윤리경영=지속경영

윤리경영이 시대적 관심사가 되기 시작한 것은 충격적이던 엔론 사태가 발생하면서다. 그로 인해 기업의 윤리가 얼마나 중요한 것인지 크게 부각되었고 그로부터 윤리경영이 시대적 화두가 되었다.

잘 알다시피 엔론은 미국과 유럽에서 거래되는 에너지의 20%를 담당하던 세계 최대의 에너지 기업이었다. 엔론의 매출액은 출범 당시인 1986년에는 76억 달러에 불과했으나 2000년에는 1,010억 달러를 기록하여 매출액 기준으로 미국의 제7위 기업이었다. 전 세계 40여 나라에 2만 1,000명의 사원을 거느렸으며 1996년부터 2001년까지 6년 동안 세계적인 경제 전문지 포춘에 의해 '미국에서 가장 혁신적인 기업'으로 뽑혔다. 그뿐만 아니라, 앞으로 10년간 성장 가능성이 높은 10개 주식 중 하나로 꼽혔을 정도였다.

2001년 8월이었다. 그렇게 승승장구하던 엔론이 유명한 금융 애널리스트 대니얼 스코토Daniel Scotto가 "모든 것이 엉망이며 갈 곳이 없다."며 주주들에게 당장 주식을 팔라고 경고할 만큼 교묘한 방법으로 회계 부정을 저지른 것이 탄로 나기에 이른다. 놀랍게도 회사의 자산과 이익은 대부분 거짓이었다. 결국 최고의 찬사를 받았던 그해(2001년) 12월 2일에 엔론은 파산하고 말았다.

돌이켜보면 그렇게 멍청한 짓이 없다. 거짓으로 지속 가능한 경영이 가능하다고 믿을 사람은 아무도 없다. 그럼에도 매우 유능하다는 사람들이 그런 짓을 한다. 이것이 인간의 우둔함이다. 미련하다는 말이다.

그러나 따져보자. 어찌 엔론뿐이랴. 어찌 미국만의 일이며, 회계 부정만이 겠는가. 엔론 사태로 기업들의 간담이 서늘했을 것임에도 불구하고 아직도 많은 기업들이 '털면 털리는' 비리에 얽매어 있는 경우가 비일비재하다. 우리나라만 봐도 내로라하는 기업들이 된통 걸려드는 사례를 수시로 보고 있지 않은가. 이 기회에 명심하자. 윤리가 아니고는 지속 가능한 경영은 불가능하다는 것을. 윤리경영을 영어로 'Moral Management'라고 하는 동시에 'Sustainable Management'라고 하는 깊은 의미를 말이다.

제2장

너나 잘하라고?
– 욕하면서 닮지 마라

ETHICAL WISDOM

앞에서 윤리경영을 꼭 해야 하는 이유를 설명했다. 그리고 무엇보다도 진정성 있는 실천이 중요하다고 강조했다. 사실 윤리의 중요성을 모르는 경영자는 없을 것이다. 그럼에도 잘 되지 않는 것은 그것을 실행하기가 간단치 않기 때문이다. 말은 쉬워서 '원칙대로' 운운하지만 세상을 원칙대로 산다는 게 얼마나 어렵던가.

"원칙대로 살라." "원칙대로 경영하라."면 대부분의 사람들이 머리를 흔든다. 세상의 이치, 경영의 풍토를 몰라서 저런다고 핀잔할 것이다. 윤리에 관한 그런 편견과 고정관념부터 탈피해야 한다. 남들의 비리와 잘못에 대해서는 눈을 부라리고 열을 올리며 비판하면서 자신의 행태에 대하여는 '그럴 수밖에 없다.'고 너그러워지거나, 남을 흉보면서 부지불식간에 닮아가는 행태를 보여서는 안 된다.

우리의 의식부터 바꿔야 한다. 편법으로 버틸 수 없는 세상이 됐다. 자신에게 냉정해야 한다. 남이야 어떻든 당신 자신만 제대로 하면 된다. '어떻게 하면 법망을 피할까?' 눈치를 볼 것이 아니라 당당히 정도를 걸어야 한다. 그러지 않으면 윤리경영은 요원하다.

'똥 묻은 개'의
훈시

간부회의에 참석했다가 돌아온 팀장이 팀원들에게 사장의 '말씀'을 전했다. 사장이 윤리경영을 이야기했던 모양이다. 직원 한 사람의 잘못으로 회사가 휘청거리는 등, 세상이 너무 살얼음판 같으니 말이다. 부장이 힘주어 강조한다. "이해관계자들로부터 술 얻어먹지 말고 처신을 조심하며 원칙을 지키라."고. 이 말을 듣고 직원이 속으로 빈정댄다.

'똥 묻은 개가 겨 묻은 개보고 나무라네.'

똥 묻은 개가 사장인지 부장인지는 모르겠다. 하여간 그 직원은 '너나 잘하세요.'라고 반감을 드러냈다.

우리 속담에 "똥 묻은 개, 겨 묻은 개 나무란다."는 말이 있다. 더 큰 허물이 있는 자가 남의 허물을 탓한다는 의미다. 사람들의 생각이란 동서양이 같은 듯, 그와 같은 의미의 속담이 서양에도 있다.

"The pot calls the kettle black(냄비가 주전자 보고 검다고 한다)."

러시아에서는 우리처럼 개에 비유하지 않고 돼지가 동원된다.

"돼지가 말에게 '네 발은 휘었고 털이 적다.'고 한다."는 속담이 그것이다. 같은 의미로 "사돈 남 말 한다." "사돈 남 나무란다."는 것도 있

다. 사돈에게 대놓고 나무라기가 곤란해서 남에게 하는 것처럼 돌려서 나무랐더니, 그 말을 들은 사돈이 눈치 없이 덩달아 맞장구치며 남의 험담을 늘어놓는 데서 나온 속담이다. 자기 허물은 제쳐두고 남의 잘못만 험담하는 걸 빗대어 하는 말이다.

물론 그런 속담들의 진의는 "남의 허물을 비난하지 말고 네 잘못이나 제대로 보라."는 의미다. 바로 "너나 잘하세요."가 되겠다.

그러나 발상을 바꿔보자. 남의 허물은 그의 허물이고 내 허물은 내 허물일 뿐이다. 다시 말해, 똥 묻은 개가 겨 묻은 개를 나무랄 수 있다는 말이다. 사돈이 남 말을 할 수도 있는 것이다.

똥 묻은 사장이나 부장이 윤리와 도덕을 말한다고 해서 삐딱하게 거부할 이유는 없다. 나는 나의 것을 돌아보고 고치면 그뿐이니까. 상대방의 똥은 그가 감당할 부분이요, 당장 해결할 것은 나에게 묻은 똥이요 나에게 묻은 겨다. 그것부터 털어내야 한다. 그가 똥이 묻어 있다고 해서 나까지 똥칠을 하거나 겨를 묻힐 필요는 없다. 남들이 망한다고 당신 또한 망하는 길을 갈 이유는 없지 않은가. 당신은 당신의 길을 가면 된다.

죄 없는 자,
돌을 던지라고?

사정기관의 고위층이 혼외자를 두었느냐 아니냐를 놓고 나라 전체가 떠들썩했던 적이 있다. 그때 국회에서 열린 긴급 현안질의에서 야당의 어떤 의원이 법무부 장관에게 혼외자 사태와 관련하여 이렇게 질문을 했다.

"〈요한복음〉에 '이 중에 죄 없는 자, 저 여인에게 돌을 던지라.'고 했다. 누가 그 사람에게 돌을 던질 자격이 있냐?"고. 어찌 보면 현실을 적나라하게 인정한 솔직한 질문이라 할 수 있겠지만 그렇다고 의회에서 그런 식으로 스캔들을 옹호한 것은 적절해 보이지 않는다. 더욱 재미있는 것은 그 질문에 대한 장관의 답변이다.

"누구도 다른 사람에게 돌을 던질 자격이 없습니다. 저도 마찬가지입니다."

푸하하하하~~! 이 장면은 지금 생각해도 엄청 웃긴다. 장관으로서는 의원의 질문에 시시비비를 따지지 않고 얼렁뚱땅 넘어가는 게 현명한 처신이며 장땡이라고 판단해서 그렇게 말했겠지만 이거야말로 우문현답, 아니 우문우답이다.

국회의원이 혼외자 문제에 성경구절을 들이민 것도 우습고, 엉겁결에 '저도 마찬가지'라고 말한 장관도 우습게 됐다. 그렇다면, 돌을 던질 자격이 없기에 모든 불의와 부도덕함에 눈감고 입을 닫아야 한다는 말인가?

이런 모습을 보면 아직 멀었다는 느낌이다. 우리의 현실도 문제지만 사회의 지도층이라 할 사람들의 윤리의식도 그 수준이 우려스럽다. 하기는 윤리의식이 그러니까 그런 현실을 낳고 있을 것이지만.

쇼는
그만하자

웬만한 기업이면 1년에 한두 번쯤은 윤리경영에 대한 행사를 연다. '윤리 실천의 날' '윤리 데이' '청렴의 날' '기업 윤리 주간' 등을 정하고 윤리 헌장과 윤리 강령을 발표하며, 때로는 전체 임직원들을 모아놓고 선서를 하고 다짐을 외친다. 윤리 교육을 하는 것은 기본이다. 내가 공기업의 사장으로 있을 때는 상부의 지시에 따라 공기업의 CEO들은 윤리에 대한 약속을 조그만 액자에 넣어 벽에 걸어놓거나 책상 위에 올려놓고 '남들이 보라는 듯'이 전시했었다. 그야말로 전시 행정의 표본이다.

우리는 아직도 윤리를 그런 '쇼-보여주기'로 일관하고 있는 것은 아닌지 반성해야 한다. 기업의 홈페이지를 봐도 마찬가지다. 여러 곳의 이름난 기업의 홈페이지를 방문하여 윤리경영에 대한 상황을 체크해보니 좋은 용어는 모두 동원한 느낌이었다. 경영에 관한 멋진 용어와 글귀를 총망라해놓고 포장(제목)만 윤리경영이라고 한 곳도 많다.

물론 윤리 강령을 만들고 윤리 선서를 하는 것이 나름의 가치가 있음을 인정한다. 그렇게라도 해서 윤리에 대한 관심을 높이고 분위기를 다잡을 수 있을 것이다. 그러나 반드시 되돌아볼 것은 정말 마음으

로부터 우러나는 다짐인가 하는 것이다. 보여주기식, 실적을 남기기 위한 쇼는 필요 없다. 아니함만 못하다. 왜냐면 쇼를 하면 할수록 임직원들의 마음이 윤리로부터 멀어지기 때문이다. 윤리경영에 있어서 가장 중요한 것은 누차 강조하지만 진정성이다. 특히 경영자들의 애절한 진정성이 반드시 선행되어야 한다.

기업경영이든 개인의 자기경영이든, 윤리에 대하여 진정성 있게 다가가지 않으면 윤리경영은 빛 좋은 개살구에 지나지 않는다. 허구다. 그래 가지고는 지속 가능한 경영, 발전 가능한 삶은 불가능하다.

'랑콤' '입생로랑' 등 세계 화장품 산업의 역사이자 세계 1위 화장품 기업인 로레알 그룹의 장 폴 아공Jean-Paul Agon 회장이 "향후 50년은 강력한 윤리 원칙을 가진 기업이 가장 강한 기업이 될 것이다. 이윤 창출은 더 이상 기업의 유일한 목표가 아니며 기업이 윤리를 가지고 비즈니스를 하는 것은 도덕적 의무가 아닌 기업의 '사활이 걸린 도전Vital challenge'이다."(중앙일보, 2015. 1. 2.)라고 한 말을 진정성 있게 마음에 새겨야 한다.

그렇다. 윤리경영은 사활이 걸린 것이다. 죽느냐 사느냐가 달려 있는 문제에 쇼를 할 수는 없다. 보여주기식 윤리경영은 그 자체가 비윤리적이다.

Corrupt의 지혜

부패와 타락을 의미하는 영어 Corrupt는 원래 '여인을 유혹해서 그 육체를 탐한다.'와 '관료에게 뇌물을 바친다.'는 두 가지의 의미를 동시에 갖고 있었다. 예나 지금이나 부패의 핵심은 여자와 돈(뇌물)인 셈이다.

흥미로운 사실은 Corrupt는 로마 제국 시대의 라틴어가 어원으로써 '함께Cor'와 '망하다Rupt'의 뜻으로 구성돼 있다는 점이다. 결국 부패하면 준 사람이나 먹은 사람이나 함께 망할 뿐 아니라, 사회 전체가 망하며, 모두 같이 망한다는 이야기가 된다. 옛날 옛적에 그 단어를 만들어낸 사람의 선견지명이 놀랍다.

욕하면서
닮지 마라

국제 투명성 기구TI가 매년 발표하는 국가별 부패 인식 지수Corruption Perceptions Index를 보면 우리의 국가 청렴도는 언제나 하위를 면치 못하고 있다. 때로는 오히려 후퇴하는 경우도 있다. 대통령이 애인을 두고 바람을 피우는 프랑스가 우리보다 훨씬 앞서는 것을 보면 그들의 자유분방한 사생활의 이면에 있는 공공 부문의 엄정함이 어느 수준인지 가늠할 수 있다.

그런데 우리는 어떤가? 공공 부문이 부정부패에 앞장서는 형국이다. 관피아니 뭐니 하며 '갑'의 위치에 있는 사람들의 부정부패가 극한을 향해 달린다고 해도 할 말이 없을 것이다. 원래 부패Corrupt라는 말은 관료로부터 비롯된 말이란다. 옛날의 지배계급은 모두가 관료였기에 그럴 것이다. 일반 백성에게 부패할 거리가 있을 리 없고 권력을 쥔 힘센 계층의 사람들에게나 해당됐을 것이니까. 절대 권력은 부패하기 마련이어서 결국 관료들의 부패의 역사는 국가라는 형태가 나타난 순간부터 시작됐다고 해도 될 만큼 그 역사가 유구하고 뿌리가 깊다.

세계 어느 나라를 불문하고 일류 국가, 선진 사회는 정치인을 비롯한 공직자의 투명성과 청렴결백에서 비롯된다. 실제로 선진국과 공직

54

자의 청렴 지수는 정비례 관계라고 한다. 나는 공직자들을 대상으로 강의할 때 이런 말을 자주 한다. "선진 사회는 선거로 뽑힌 사람이 진정성을 발휘하는 사회요, 공정 사회란 공직자가 정직하게 정도를 걷는 사회"라며 용어의 음을 따서 유머로 말하곤 하는데 사실 유머 이상의 함축된 의미가 있다.

공무원만 부패한가

그럼 관료-공무원들만 부패한가? 당연히 그건 아니다. 민간 부문에서도 자연스럽게 '갑'과 '을'이 존재하고 그 사이에 부패의 사슬이 만들어지는 게 현실이다. "욕하면서 닮는다."는 말이 있듯이, 입으로는 관료와 정치인들의 부패를 성토하면서도 민간 부문도 오십보백보다. 납품 비리 등 돈을 해먹을 틈새만 있으면 해먹는 것 아니냐는 의심이 들 정도다(깨끗하게 열심히 사는 사람들에게 대단히 미안하다).

취업 포털 '사람인'이 직장인을 대상으로 조사한 것을 보면, 직장 생활을 하면서 "회사 동료의 부정직한 모습을 본 적이 있는지"를 물은 것에 40.6%가 '있다'고 답했으며(복수 응답), '회사 및 동료 그리고 본인의 청렴도 점수'는 57점, 62점, 79점으로 각각 조사됐다. 그 내용의 대부분은 근무 태만이나 약간의 비양심적인 업무 처리가 차지했다. 이것을 보고, '뇌물을 받은 것도 아니고 횡령을 한 것도 아닌데 일을 하다 보면 그럴 수도 있는 것 아니냐.'고 항변한다면 바로 그런 도덕 불감증이 윤리 문제를 크게 키우고 있다고 말해주고 싶다.

욕하면서 닮는 것에 또 하나의 유형이 있다. 꼰대 세대의 일탈과 부

정에 대한 무신경을 욕하면서 부지불식간에 자신도 그렇게 되는 것이다. 자기도 모르게 그렇게 배운 셈이다. 예컨대, 부장이 회사의 법인카드를 개인적인 용도에 사용했다고 치자. 그것을 보면서 젊은 사원들은 분명히 분개할 것이다. 공과 사를 구분하지 못한다고 투덜댈 것이다. 심하면 "저런 사람 때문에 회사가 안 된다."든가 "저런 사람이야말로 퇴출돼야 한다."고 성토하고 욕할 것이다. 그런데 맙소사! 그런 젊은이가 어느 날 부장이 되고 업무추진용 법인카드를 받으면 어떻게 될까? 추상같이 공과 사를 구분할까? 이치가 그렇다면 오늘날 우리 사회에 부정부패가 이처럼 대물림되지는 않았을 것이다. 결국 대부분의 사람들은 욕하면서 닮는다.

제발이지 욕하면서 닮지 말자. 부정부패의 사슬과 대물림을 끊어야 한다. 공공 부문이든 민간 부문이든 부패하면 끝장이다. 소위 '최악무개의 국정농단 사건'에서도 보았듯이 부패하고 부정하면 언제 어떤 계기로 어떤 형태의 사건이 터질지 모른다. 그렇게 사건이 터져 부패의 고리에 연결된 기업들이 줄줄이 검찰에 소환되는 걸 보고도 아직 정신을 차리지 못하고 운이 나빴다고 생각한다면 정말이지 미래는 없다. 결코 지속적인 성장은 기대할 수가 없는 것이다.

M소위의
교훈

'욕하면서 닮지 마라.'는 글을 쓰다 보니 딱 떠오르는 에피소드가 있다. 오래전, 내가 20대 초반의 나이로 최전방에서 소대장으로 근무하던 때의 일이다. 지금 이 순간에도 당시의 상황과 인물들이 생생히 눈앞에 어른거린다.

우리 부대는 전방의 산악지대로 훈련을 나갔다. 혹독한 훈련이 진행되던 어느 날, 우리는 북한과 인접한 중동부 전선의 높은 산에 진을 치고 야영을 했다. 잠시 휴식을 취할 여유가 생겼을 때 나는 바로 옆 소대의 소대장이던 M소위에게 다가갔다. 담배라도 한 대 피울 생각에서다. M소위는 육군사관학교 출신으로서 준수한 용모가 돋보였는데 초급 장교답지 않게 언행에도 품위와 무게가 있었다. 그는 작은 1인용 텐트의 입구에 걸터앉아 수첩에 무엇인가 기록을 하고 있었다.

"어서 와, 조 소위!"

그가 나를 쳐다보며 말했다.

"뭘 적어?"

내가 묻자 그는 "음, 별것 아냐."라고 대답하면서 메모를 계속했다. 나는 비좁은 텐트 입구에 자리를 잡아 그와 나란히 앉았다. 그리고 그의 수첩을 힐끔 훔쳐봤는데 그날에 일어난 사건이 기록되어 있었다.

'그런 일을 왜 기록하지?'

메모의 내용을 본 순간 그런 생각이 스쳐지나갔고 그는 마치 나의 생각을 읽기라도 한 듯 설명을 해줬는데 그 이야기가 오늘까지도 내 가슴에 각인되어 있다.

그때만 해도 지금과는 군대의 모습이 많이 달랐다. 똑같은 장교라 하더라도 중대장이 소대장에게 체벌을 가하는 경우가 있었고, 심지어 사단장이 연대장을 구타하는 경우도 있었다. 오늘날 군기를 잡기 위해 실시되는 얼차려는 벌도 아니었다. 그런데 M소위는 그날에 있었던 구타사건을 상세히 기록했던 것이다. 훈련 도중에 대대장이 중대장을 지휘봉으로 후려친 일에 관한 것이었다. 요즘 식으로 표현하면 휴대폰으로 몰래 동영상 촬영을 하거나 녹음을 하는 것과 같다. 그는 그것을 왜 기록했을까? 혹시 대대장의 부적절한 행동을 어디엔가 제보하려고 그런 것은 아닐까? 마치 몰래 촬영한 동영상을 인터넷에 올려 한 방 먹이는 것처럼 말이다. 그런데 그의 설명은 이랬다.

"저 대대장님 역시 우리처럼 젊었던 시절이 있었겠지? 초급장교 시절에 상관이 부하를 구타하면 분명히 분개했을 거야. 군대에서 체벌은 없어져야 한다며 정의롭게 생각했겠지. 그런데 세월이 흐르면서 그 정의롭던 젊은이가 결국 저렇게 변하고 말았어. 옛날을 잊은 것이지. 닮아버린 거지. 그래서 나는, 훗날에 내가 저 대대장처럼 고급 지휘관이 됐을 때 이 젊은 날에 생각하고 다짐했던 것을 결코 잊지 않기 위해 이렇게 메모를 해두는 거다."

아! 그것은 신선한 충격이었고 동시에 감동이었다. 아마도 그는 그날의 대화를 지금 기억하지 못할 것이다. 그에게는 평소의 생각과 행동을 설명한 것에 불과했을 테니까. 그러나 나는 그에게서 강한 인상을 받았다. 지금도 그것을 선명히 기억하고 있을 정도로.

그로부터 1년쯤 지나 우리는 헤어졌다. 중위로 진급하면서 그가 서울의 상급부대로 떠났기 때문이다. 그러고는 각자의 길을 갔고 서로 연락이 끊어졌다. 그리고 30년이 지난 어느 날, 신문을 보다가 깜짝 놀랄 만한 기사를 발견했다. 그는 이미 장군이 되어 있었고, 그날에 별 셋의 육군 중장으로 승진하면서 대단히 중요한 자리에 발령 난 것이 보도됐던 것이다(장군이라 하더라도 군인에 대한 인사가 뉴스가 되는 경우는 드물다. 그러나 그의 자리는 뉴스가 될 정도로 중요한 자리였다). 그 순간, 나는 소대장 때의 그 장면이 마치 어제의 일처럼 되살아났다.

나는 증언할 수 있다. 그는 중요한 자리를 맡을 장군이 되고도 충분한 사람임을 말이다. 그가 매우 훌륭한 군인이었을 것을 믿어 의심치 않는다. 그는 장군이 될 때까지 결코 선배 장교들의 '잘못된 것들'을 닮지 않았을 것이기 때문이다. 젊은 날의 초심을 잃지 않고 흔들림 없이 정진했을 것이기 때문이다.

당신은 지금 누구를 욕하고 있는가? 윤리나 직업모럴의 측면에서 어떤 행태가 그렇게 당신을 분노하게 하는가? 그러나 잊지 말자. 결코 욕하면서 닮지 말자.

마음의 청문회를
열어보자

김영란법이 작동되면서 우리 사회에 윤리·도덕의 거대한 수레바퀴가 돌기 시작했다. 앞으로 점점 더 맹렬히 회전하며 전진할 것이다. 그 바퀴에 깔려 수많은 사람이 희생되고 사라질 것이다. 현실을 무시했다거나 불합리하다는 등의 불만스런 소리가 들리기는 하지만, 그럼에도 이는 돌이킬 수 없는 대세이며 시대정신이기도 하다.

회사든 개인이든 윤리적이지 않다면 당장 어떤 일이 벌어질지 모른다. 윤리를 바탕으로 하지 않는 한 당신은 사상누각에 있는 것이요 바늘방석에 앉아 있는 것이다. 그렇게 직장 생활을 할 수는 없으며 평생을 그렇게 살 수도 없다.

요즘은 사람을 평가할 때 학벌이나 스펙보다는 인성을 더 중요하게 본다고 한다. 무엇보다도 좋은 품성이 경쟁력이라고 한다. 그러나 직업 모럴과 윤리야말로 최상의 비즈니스 인성이며 경쟁력이다. 아무리 인성이 좋다고 해도 부정부패하면 끝장이다. 아니, 부정부패하면 품성이나 경쟁력을 논할 것도 없다(아니? 품성 좋은 사람도 부정하고 부패할 수 있냐고 반문하는 사람도 있겠지만 품성이 좋다고 꼭 청렴결백한 것은 아니다).

직장 생활에서 윤리와 직업모럴이 쉼 없이 작동되려면 수시로 스스로를 돌아보며 반성하고 행동을 통제하고 수정하는 노력을 해야 한다. 사람은 원칙을 벗어나 일탈하기 쉬운 속성을 갖고 있기 때문이다.

당신은 부정과 비리로부터 자유로운가? 이 질문에 "예스!"라고 말할 수 있도록 노력해야 한다. 물론 그렇게 답하기 힘든 사람이 많을 것이다. 오죽하면 대통령이 총리나 장관감을 구하기가 어렵다고 실토했을까? 학벌이 우수한 인재가 없다는 의미가 아니다. 학벌 좋고 스펙이 짱짱한 사람은 얼마든지 찾을 수 있는데 그놈의 청문회를 깔끔히 통과할 유능한 사람을 찾지 못한다는 의미다.

따라서 이제부터라도 자신을 철저히 검증하며 살아갈 필요가 있다. 혹시 어떤 결정을 할 수 있는 칼자루를 쥐었다고 '을'로부터 식사 대접을 받지는 않았는가? 저녁에 소주 한잔 하기로 약속하지는 않았는가? 주말에 골프를 함께 하자는 제의는 없었는가? 그 정도는 접대나 부정이 아니라 인간관계나 예의라고 보는가? 관행이요, 사람 사는 맛이라고 여기는가? 그 정도는 위장전입이나 논문표절과는 차원이 다르다고 믿는가? 정말이지, 하늘을 우러러 부끄러움이 없는가?

그렇게 당신의 마음속에서 청문회를 열어보자. 아니, 정말로 당신이 청문회에 선다면 어떤 질문이 던져질지 상상해보자. 그 질문으로 자신을 추궁해보자. 그리고 변명이 아니라 자신 있게 그 질문으로부터 자유로운지 판단해보자. 그렇게 자신을 검증하며 살아갈 필요가 있다. 그렇게 스스로를 엄격히 관리하지 않고는 언제 발밑의 살얼음이 깨질지 모른다. 우리는 지금 그런 시대를 사는 것이요, 미래는 더욱 추상 같을 것이다.

제3장

당당하자
− 하늘을 우러러 부끄럼 없기를

ETHICAL WISDOM

"내 가슴속엔 아아! 두 개의 영혼이 깃들어서

하나가 다른 하나와 떨어지려고 하네.

하나는 음탕한 애욕에 빠져

현세에 매달려 관능적 쾌락을 추구하고,

다른 하나는 과감히 세속의 티끌을 떠나

숭고한 선인들의 영역에 오르려고 하네."

괴테Johann Wolfgang von Goethe의 명작 《파우스트》(정서웅 옮김, 민음사, 1999)에서 주인공 파우스트가 제자 바그너 앞에서 자신의 고뇌를 토로하는 장면이다. 파우스트는 악마의 유혹에 빠져 관능적 쾌락에 빠지고 갖가지 죄악을 저지른다. 그는 자신 안에 깃든 두 개의 영혼—신성과 악마성 사이에서 늘 갈등한다. 그러고는 시각장애인이 된 말년에 이르러 숭고한 지혜를 깨달아 세상을 구제하려 애썼다. 괴테가 파우스트를 통해 우리들에게 말하고자 했던 메시지는 악의 유혹에 휘둘리지 않는 치열한 정신을 가질 때 비로소 자신을 구원함은 물론 사회적 책임을 다할 수 있다는 것일 것이다.

결국, 삶이란 악마적 욕망과 유혹이 넘실거리고 그것을 이겨내려는 선함이 투쟁하는 과정일지 모른다. 어느 쪽을 선택할 것인지는 온전히 당신의 몫이다. 아무쪼록 선하고 의로운 길을 선택하자. 그리고 그 길을 당당히 걸어가자. 하늘을 우러러 부끄럼 없이…….

나는
하늘을 우러러
부끄럼이‥‥‥

"까불지 마,
다 알고 있어!"

　　　　　　　얼마 전, 우리나라의 어느 정당이 내분으로 한창 시끄러울 때의 일이다. 실세니 뭐니, 주류니 비주류니 하며 물고 뜯는 치사한 게임이 계속됐다. 국회의원 공천에 문제가 있었다며 드디어 한쪽에서 비밀을 폭로하기에 이른다. 그 당의 핵심이라는 사람이 수도권에서 국회의원 선거에 출마하려는 사람에게 전화로 말한 내용을 녹취하여 까발린 것이다.

　"까불면 안 된다니까. 사단 난다니까. 내가 별의별 것 다 가지고 있다니까, 형에 대해서."

　호칭은 '형'이지만 듣기에 따라 회유요 협박일 수 있겠다. 실제로 당신이 이런 전화를 받았다고 상상해보라. 아마도 간담이 서늘할 것이다. '내가 지금 까불고 있는 건가?' '나에 대하여 무슨 정보를 다 갖고 있다는 거지?'라는 궁금증과 더불어서 말이다.

　이 장면에서 언뜻 떠오른 사람이 있다. 《셜록 홈스》로 유명한 영국의 추리 작가 아서 코난 도일Arthur Conan Doyle이다. 그가 인간 심리의 심층을 파헤쳐보려는 작가적 호기심으로 당시 런던 사교계의 명사들에게 이런 전문을 보냈단다.

'모든 것이 탄로 났다. 빨리 런던을 떠나라.'

이 장난스런 한 줄의 전보는 뜻밖의 소동으로 이어진다. 전보를 받은 이들이 갑자기 연락이 두절됐기 때문이다. 정말로 런던을 빠져나가 몸을 숨겼을지 모른다(이 웃기는 이야기에 대하여, 전보를 보낸 사람이 코난 도일이 아니라 버나드 쇼 또는 빅토르 위고라는 여러 설이 있지만 누구라도 상관없다).

누군가 밑도 끝도 없이 당신에게 전화를 걸어 진지한 어조로 "당신의 모든 것을 다 갖고 있다. 모든 것이 탄로 났다."고 말한다면 당신은 어떤 생각을 하게 될까? 이 글을 읽는 것을 중지하고 정말로 한번 그런 상상을 해보라. 어린 시절부터 지금까지 행했던 모든 행동을 돌아보게 될 것이다. 엄청난 범죄 행위는 아닐지라도 하다못해 남의 험담을 한 것에서부터 회사의 법인카드로 가족들과 갈비를 뜯은 것에 이르기까지 오만 가지 사건이 떠오를 것이다.

아니 그 정도는 아니더라도 친구가 전화를 걸어와 "너에게 할 이야기가 있는데……. 전화로 말하긴 그렇고 좀 만나자."라는 정도의 이야기만 들어도 굉장히 궁금해진다. 내가 친구에게 뭐 잘못한 게 있나라며 불안해지는 게 인간의 심리다. 아마 당신도 그런 경험은 있을 것이다.

각설하고, 이제 세상이 달라졌다. 낮말은 녹화되고 밤말은 녹취되는 세상이다. 당신의 모든 언행이 어딘가에 흔적을 남기는 세상이다. 스마트폰이 행세하는 스마트한 세상이라지만 실태는 완전 거꾸로다. 매우 으스스하다. 언제 지뢰를 밟아 거꾸러질지 모른다. 생각지도 않

던 기록으로 인하여 곤경에 처할지 모른다.

그럼 어떻게 처신하며 어떻게 살아야 할까? 상황은 복잡하지만 해법과 비결은 의외로 간단하다. 하늘을 우러러 부끄러움 없이 살면 된다. 아니, 하늘을 우러러 보는 정도는 못 되더라도 "까불지 마. 다 알고 있어." "모든 것이 탄로 났다."는 협박과 경고에 거리낄 것이 없으면 된다.

이미 저질러진 예전의 흠집은 돌이킬 수 없다 하더라도 이제부터라도 그렇게 살아야 한다. 당당하게 사는 것, 그것이 험난한 이 시대에 지속 가능한 발전을 기약하는 삶의 지혜다. 실천이 매우 어렵기는 하지만……

눈치 보지 마라
- 법대로 당당하게

윤리와 관련하여 이웃 나라 일본에서도 배울 것이 있다. 일본은 공직 부패를 막기 위한 공무원 윤리법이 엄격하기로 유명하다. 엄격한 만큼 그곳의 공무원들도 법망에 걸리지 않으려 몸을 사리기는 마찬가지인데, 이런 사례가 있다.

2000년 11월, 도쿄 번화가에서 일본 건설성 과장급들의 고시 출신 동기회가 열렸다. 그런데 그 자리에 일본 도로공단에 파견 나간 고시 동기가 나온다는 사실을 알고는 본부 간부들은 참석을 포기했다. 그해 4월부터 시행된 국가공무원윤리법에 '각자가 돈을 내도 이해관계자와 앉아서 먹는 저녁 회식을 금한다.'고 규정돼 있고, 도로공단은 건설성의 보조를 받는 이해관계자였기 때문이었다.

이런 일도 알려져 있다. 한 문부성 관리는 저녁 초대에 갔다가 그냥 되돌아왔다. '서서 하는 파티인 줄 알았는데 가서 보니 의자에 앉는 공식 만찬'이었다는 이유였다(강원일보, 2013. 4. 18.).

이런 사례를 접하면서 김영란법 이후의 우리네 풍경이 떠오른다. 과연 어떻게 처신하면 좋을지 모르겠다. 아예 모임에 나가지를 마? 그것도 하나의 방법이기는 하다.

그렇잖아도 별별 모임을 만들어내는 데에 귀신같은 실력을 보여주는 게 우리나라 사람들이다. 몇 사람만 모여보라. 만남의 횟수가 몇 번 이어지면 반드시 이름을 붙인 모임으로 발전시키는 게 우리들이다. 그런데 부정과 비리가 있는 사람일수록 이런 모임을 최대한 이용하려 한다. 세상을 시끄럽게 한 여러 사건을 분석해보면 결국은 모임을 통해 연결고리가 생기고, 그 연결고리로 로비가 이뤄지며, 결국은 비리로 발전하여 끝장에는 쇠고랑을 찬다.

그럼 어떻게 한다? 사람과의 만남을 끊고 살 수는 없는 노릇이다. 그거야말로 구더기 무서워서 장을 담그지 않는 것과 같다. 문제는 모임과 사람을 잘 식별하고 처신을 분명히 하는 지혜다. 자신의 원칙을 세우고 그에 따라 처신하면 된다. 특히 어떻게 하면 법망에 걸리지 않을지 편법과 요령을 찾을 것이 아니라 법과 규정에 충실한 편이 좋다. 눈치를 살피며 어떻게 하면 걸리지 않을지를 궁리하는 비굴한 처신을 할 것이 아니라 깨끗하고 의연히 대처하여야 한다. 처음에는 처신하기가 까다롭고 불편할지 모른다. 그러나 조금만 익숙하면 오히려 그것이 마음 편하고 당당하고 기분이 좋을 것이다. 당연히 후환도 없고 말이다.

대가성이
아니라고?

"그런 사실은 있지만 대가성은 아니다."

사건에 연루되어 검찰 출두를 앞둔 사람에게서 흔히 듣는 말이다. 이 말은 거의 모범답안처럼 되어 있다. 돈은 받았지만 그에 상응하는 편의를 봐준 적은 없다는 의미다. 또는 성접대는 받았지만 조건부는 아니었다는 뜻도 된다(성접대란 말은 생각할수록 묘한 기분을 느끼게 하는 기발한 용어다. 누가 처음 만든 용어인지 늘 궁금하다).

한마디로 웃긴다. 세상에 어느 얼빠진 녀석이 훗날의 대가를 전혀 고려하지 않고 당신에게 돈대접을 하고 성접대을 하겠는가. 다른 사람은 어떨지 몰라도 당신과 거래하는 그 사람만은 순수한 마음에서 그냥 베푼 거라고? '순수' '그냥' 좋아하시네. 순수하게 보이는 그 사람을 더 조심해야 한다. 뒤통수를 칠 테니까.

문제는 "대가성은 아니다."라고 강변하는 그 말이 사실은 변명이라는 것이다. 그 말을 하는 사람 스스로 양심에 켕기는 게 분명하다. 법망을 피해보려는 꼼수에 불과하다. 자신만 대가성이 아니라고 하지 다른 이들이 보기에는 분명 대가성이다. 왜 다른 이들은 정확히 꿰뚫어 볼까? 이해관계가 없이 냉정히 객관적으로 보기 때문이다.

74

남들로부터 대접을 받을 생각을 하지 마라. 상대가 당신을 존경하기 때문에 대접을 하는 거라고? 세상에서 가장 큰 거짓말 중 하나가 "존경합니다."라는 말이다. 특히 '을'이 '갑'에게 그런 말을 할 때는 100% 거짓으로 받아들이면 정확하다. 속으로는 갑질을 하고 있는 당신을 향해 "천하의 나쁜 놈"이라며 욕을 하고 있을 게 뻔하다.

"No free lunch."라는 말 들어봤는가? '공짜는 없다.'는 의미다. 바꾸어 말하면 단 한 끼의 점심 식사_{lunch}라도 대가성이란 말이다. 공짜로 어떤 혜택이라도 받는 순간, 당신은 이미 당당한 사람이 못 된다. 심지어 부정비리와 전혀 관계없이 절친한 후배로부터 사적으로 식사 대접을 받는 경우라도 그때부터 자연스럽게 권력과 서열 관계가 흔들린다는 게 심리학의 공통된 결론이다. 경우에 따라서는 당당하지 못하고 초라해지기까지 하는 게 현실이다.

세상에 공짜는 없다. 대가성이 아니라고 당신 스스로에게 변명하지 마라. 양심에 따라 당당하게 처신하기를 권한다. 그러지 않으면 훗날에 대가를 톡톡히 치르게 될 것이다.

선물과 뇌물을 가리는 법

선물과 뇌물에 대한 논의는 오래전부터 있어왔다. 20년 전, 경향신문사가 대학입시 논술시험에 대비하여 수험생들을 훈련시킬 목적으로 연속 공모했던 79회 논술 주제가 '뇌물과 선물의 구별에 대하여 논하라.'는 것이었을 정도다(경향신문, 1996. 1. 28.).

최근에 이르러, 전국경제인연합회에서 기업 임직원들이 윤리 문제에 있어서 명확한 기준이 헷갈려 고민하는 것들을 골라서 문답집으로 낸 적이 있다. 그중의 하나가 경조사나 명절 등을 계기로 협력사에서 건네는 선물, 회사 안팎에서 벌어지는 향응·접대에 관한 것이다. 즉, 선물과 뇌물의 경계가 모호하다는 것이다. 선물과 뇌물, 그 경계와 구분은 어떻게 할까? 우선 유머로 다룬 선물과 뇌물의 차이다.

서서 받으면 선물, 앉아서 받으면 뇌물.

웃고 받으면 선물, 그냥 받으면 뇌물.

받고 악수하면 선물, 받고 악수 안 하면 뇌물.

받고 잠이 잘 오면 선물, 받고 잠을 설치면 뇌물.

(문화일보, 2016. 4. 20.)

이왕 우스갯소리로 정의했으니 그 버전으로 계속 나가보자.

갑과 을의 관계에서 갑이 한 것은 선물, 을이 한 것은 뇌물.

쌍방적이면 선물, 일방적이면 뇌물.

주거니 받거니 했으면 선물, 주기만 했으면 뇌물.

위에서 아래로 흐르면 선물, 아래에서 위로 흐르면 뇌물.

발 뻗고 자면 선물, 그렇지 않으면 뇌물.

우리가 한 것은 선물, 다른 이들이 한 것은 뇌물.

결론을 내리자. 간단하다. 바라고 했으면 뇌물이고 바라는 게 없으면 선물이다. 이것이 우리가 흔히 말하는 대가성이라는 것이다. 선물과 뇌물을 가르는 가장 결정적 기준은 대가성이다. 직접적이든 암묵적이든 대가가 있었거나 대가를 기대한다면 뇌물이다.

그래도 헷갈리기는 마찬가지일 것이다. 그것을 어떻게 판단하냐고? 양심의 저울추가 어느 쪽을 가리키느냐를 돌아보면 답은 분명해진다. 그리고 더 분명히 기억할 것은 가족이나 연인이 아닌 한, 당신에게 뇌물이 아닌 선물을 줄 사람은 거의 없다는 사실이다.

최측근에게
당당하라

중국 관광객들이 많이 몰려온다고 난리다. 그러나 한편에서는 바가지 상술로 또한 난리다. 관광이란 원래 재방문율이 높아야 하는데 유감스럽게도 우리나라를 찾는 관광객들의 재방문율은 그리 높지 않다. 볼 것이 없어서 그렇다고? 아니다. 기분 나쁜 추억 때문이다. 이름하여 바가지와 불친절.

입장을 바꿔 생각해보라. 어느 관광지에 갔다가 바가지를 썼거나 불친절을 당했다면 어떻겠는가? 두 번 다시 그곳에 가지 않을 것이다. 바가지와 불친절이야말로 반윤리적 상술의 대표적인 사례다.

중국인들이 지리적으로 훨씬 가까운 우리나라보다 많이 찾는 곳이 일본이란다. 역사적으로 쌓인 적대적 감정이 있으면서도 말이다. 그 이유는 우리의 경우와 반대다. 바가지가 없고(정확히 표현하면 '적고') 친절하기 때문이란다. 적어도 그 점에 있어서 일본은 우리보다 한 수 위인 것 같다.

일본에서도 관광객들이 몰리면 숙박료 등을 조금씩 올려 받기는 하지만 우리네처럼(일부이기는 하겠지만?) 터무니없이 하지는 않는단다. 아니, 그렇게 하기가 힘들단다. 왜냐하면 바가지나 속임수를 쓰면 문을 닫아야 하기 때문이다. 왜 문을 닫게 되냐고? 흥미로운 사실은 바가지나 속임수로 인하여 관광객이 줄어들어서 문을 닫는 게 아니라는 점이다. 관광객이 아니라 내국인인 일본인들이 그렇게 소문난 집은 철저히 외면하기에 결국 망한다고 한다. 이를테면 내부 통제요, 내부 응징이다. 이거야말로 무서운 응징이다.

내부자라는 이름의 시한폭탄

300년의 역사를 자랑하는 일본의 유명한 전통 떡집 '아카후쿠'는 그날 팔다가 남은 떡을 냉동실에 넣었다가 다음 날 다시 팔았다. 맛에는 문제가 없었다. 그러나 그 때문에 매출이 급감했고, 결국은 문을 닫고 말았다. 고객이 냉동 떡을 팔았는지 어떻게 알았냐고? 아니다. 그 사실을 확실히 알고 있는 떡집의 종업원이 고발을 했기 때문이다.

또 있다. 고급 전통 요릿집인 '깃조吉兆'는 접시의 바닥에 장식용 잎사귀를 깔고 그 위에 요리를 올려놓는데 그 장식용 잎사귀를 씻어서 재사용했다가 문제가 됐다. 재사용했는지를 고객이 어떻게 알았냐고? 역시 종업원이 그 사실을 폭로해버렸다. 그 음식점도 끝내 폐업하고 말았다(조선일보, 2016. 9. 12.).

"종업원이 그럴 수 있냐?"며 나무라지 마라. 종업원을 탓할 것이 아니라 그렇게 정도를 걷지 않고 속임수를 쓴 주인을 꾸짖어야 맞다. 그들은 종업원도 고객이라는 사실을 깜빡한 것이다. 일본인들은 종업원도 분명히 고객이라는 관점을 갖고 있단다. 내부 고객이다. 그러기에 종업원도 외부 고객과 똑같이 감시하고 평가하고 고발할 수 있다는 게 일본식 사고요 상도의다. 일본식 윤리요 직업모럴이다.

여기서 교훈으로 삼을 것이 있다. 관광지의 장사꾼이나 식당 경영자만이 아니라 우리 모두가 얻어야 할 교훈이다. 떳떳하게 정도를 걷지 않고는 내부에 의해서든 외부에 의해서든 결국은 까발려지게 된다는 사실이다. 오히려 속사정을 샅샅이 알고 있는 내부가 더 무서울 수도 있다. 내부에서 고발하면 빼도 박도 못한다.

그렇잖아도 최근에 벌어지는 대부분의 사건은 내부 고발과 제보에 의하여 백일하에 드러나는 수가 많다. 나라를 들썩이게 한 최아무개 여인의 소위 국정농단 사건도 결국은 내막을 속속들이 잘 아는 내부자 또는 핵심 측근에 의하여 들통났다. 그것이 최초의 제보든 또는 검찰의 수사 과정이든 말이다.

따라서 당신의 처신이 내부자, 최측근에게 어떻게 보일지 점검해보는 것이 어떨까? 그들에게 당당하지 못하다면 당신은 지금 시한폭탄을 안고 있는 것과 같다.

똑똑하다는 사람들이
왜 그러지?

불법은 이제 숨을 곳이 없다는 것을 잘 알면서도, 사방팔방에 감시의 눈초리가 번득이고 도처에 지뢰가 파묻혀 있다는 것을 잘 알면서도, 유혹의 덫에 걸리면 한 방에 훅 간다는 것을 잘 알면서도, 이 세상에 믿을 놈이 없고 공짜가 없다는 것을 잘 알면서도, 스스로의 양심에 떳떳하고 당당해야 한다는 것을 잘 알면서도, 공부를 많이 한 사람, 높이 올라간 사람, 소위 머리가 좋고 똑똑하다는 사람들이 그 덫에 걸리고 함정에 빠지는 것은 왜일까? 자신에게 떳떳하지 못한 일을 하는 것은 왜일까?

나는 그런 사건과 뉴스를 접할 때마다 아버지를 떠올린다. 아버지는 내가 지금껏 살아오면서 직접 본 사람 중에 가장 성자적 기질을 많이 갖춘 분이었다. 젊은 날에 이미 해외에서 유학을 하셨기에 당시로서는 대단히 희귀한(?) 존재였지만 현실과 타협하지 않는 고고孤高한 분이었다. 이 '도둑적' 세상과 맞지 않았고 타협도 하지 않았기에 덕분에 가족들의 고생은 실로 혹독했다.

내가 천신만고 끝에 대학을 졸업하고 또 일 년간의 백수생활을 거친 후 드디어 번듯한 직장에 합격했을 때 아버지가 주신 축하 메시지(?)는

간단명료했고 특이했다.

"직장에서 부정한 일을 시키거든 그만두거라."

어렵사리 취업에 성공한 자식에게 축하 파티조차 없이 그 한 말씀을 던지는 아버지는 세상에 흔치 않을 것이다. 기분이 어땠냐고? 원래 그런 분인 줄 잘 알기에 가슴에 제대로 새겼다(이거 정말이다). 말씀을 많이 하시는 분이 아니었지만 가끔 툭 던지신 한마디는 오랫동안 기억되는 효험이 있었다.

그런 말씀 중에는 50년 전, 나의 대학 시절부터 수시로 반복해주시던 것이 있다. 돌아가신 지 오래되셨지만 지금도 가끔 떠올릴 만큼 귀에 익은 말씀이다.

"우둔은 지적 결함이 아니라 인간적 결함이다."

나는 이 어록의 출처를 모른다. 알 필요도 없고(희미한 기억으로는 공자 아니면 맹자의 말씀이었다고 하신 것 같다). 그러나 나의 가슴에 깊이 각인되어 있다.

사람이 미련하다는 것은 덜 배웠기 때문이 아니라 인간적으로 문제가 있다는 말이다. 수재 소리를 들을 만큼 똑똑하다는 사람이, 엄청 어려운 시험에 합격하고 출셋길을 달리는 사람이, 여기저기 여러 곳에서 유학을 하여 학문적으로 더 배울 게 없을 것 같은 사람이, 그 정도 있으면 평생 놀고먹어도 될 만큼 재산이 많은 사람이, 세파의 유혹을 떨쳐버리지 못하고 한 방에 훅 갈 일을 저질러 스스로에게 당당하지 못한 처신을 하는 것은 결국 덜 배웠거나 아는 게 적어서가 아니라 미련하기 때문인 것이다.

왜 똑똑한 사람들이, 날고 기는 사람들이, 어처구니없는 행태로 인생을 망치는가? 나는 아버지의 말씀에서 답을 찾는다. 결국은 인간적 결함 때문이다. 머리, 아니 IQ는 좋을지 모르지만 참된 머리, 즉 인간이 덜 됐기 때문이라는 말이다.

우리는 너무 '작게 사는 것' 아닌가?

2월 14일이 무슨 날인가? 당신의 생일이라고? 그럴 수도 있겠다. 생일이 아닌 젊은이는 밸런타인데이를 떠올릴 것이다. 기억하자. 그날은 바로 안중근 의사가 한국 침략의 원흉이던 이토 히로부미伊藤博文를 하얼빈 역에서 사살하고 현장에서 체포된 후 사형 선고를 받은 날이다. 1910년 2월 14일이었다. 그래서 최근에 이르러 "2월 14일을 '안중근 데이'로 하자."는 말이 나오는 것이다.

지금 밸런타인데이가 좋냐, 안중근 데이가 좋냐를 말하려는 게 아니다. 사형 선고를 받은 아들에게 보낸 그의 어머니 조 마리아 여사의 편지를 소개하고 싶어서다. 새가슴으로 쪼잔하게 사는 모든 이들에게 들려주고 싶어서다.

"네가 만약 늙은 어미보다 먼저 죽는 것을 불효라 생각한다면 이 어미는 웃음거리가 될 것이다. 너의 죽음은 한 사람의 것이 아니라 조선인 전체의 공분을 짊어지고 있는 것이다. 네가 항소를 한다면 그것은 일제에 목숨을 구걸하는 짓이다. 네가 나라를 위해 이에 이른즉 딴마음 먹지 말고 죽으라. 여기에 너의 수의를 지어 보내니 이 옷을 입고 가거

86

라. 다음 세상에는 반드시 선량한 천부의 아들이 되어 이 세상에 나오너라."(헤럴드경제, 2015. 2. 13.)

그리고 안 의사는 죽음을 며칠 앞둔 어느 날, 두 아우에게 이렇게 유언하고 3월 26일 오전 10시, 여순 감옥의 형장에서 순국하였다.

"내가 죽거든 시체는 우리나라가 독립하기 전에는 반장返葬하지 말라. (중략) 대한 독립의 소리가 천국에 들려오면 나는 마땅히 춤을 추며 만세를 부를 것이다."

31살, 너무도 젊은 나이였다.

비굴하지 말고 죽으라

윤리와 직업모럴을 논하면서 갑자기 안중근 의사를 떠올린 것은 TV 뉴스 때문이다. TV 화면에, 어깨와 모자에 별이 번쩍이던 장군이라는 사람이 '돈을 해먹은' 것 때문에 검찰청사에 고개를 숙이고 황급히 도망치듯 들어가는 장면을 봤기 때문이다. 그런 사람이 어디 하나둘이던가. 더구나 그냥 뇌물을 먹은 게 아니라 나라의 방어 체계와 관계된 무기에 관한 비리로 말이다. 아무리 돈이 좋다고 하기로서니 핵을 갖고 있는 북한과 대치한 나라의 장군이 그럴 수는 없지 않은가. 심지어 어떤 장군은 아내까지 비리에 연루됐단다. 그야말로 부창부수다.

내가 장군들의 비위에 흥분하는 이유가 있다. 쫄짜 군인이나 하위 직 공무원이 그랬다면 막말로 생계형 부정이라고 이해할 수도 있겠다. 어느 회사의 임원이 그랬다면 그 또한 '돈을 벌기 위해 사력을 다하는' 기업에서 잔뼈가 굵은 사람이니 그럴 수도 있겠다고 백번 양보할 수 있다. 그런데 어찌 장군이……

"황금을 보기를 돌같이 하라."고 충고했던 최영 장군이나, 나라를 위해 자기를 버린 이순신 장군을 봐서라도 그럴 수는 없지 않은가. 이건 '장군'과 '별'의 자존심조차 없는 행태라 본다. 인간적으로도 너무 자잘한 것이 아닐까.

나라와 대의를 위해 목숨을 초개같이 바친 분과, 아들에게 비굴하지 말고 죽으라고 한 어머니. 그리고 비리와 관련하여 검찰청사로 향하는 장군을 보면서 많은 생각을 안 할 수가 없었다.

윤리와 직업모럴을 말하면서, 우리는 현실에만 초점을 맞춰 지나치게 작게 살고 있는 것은 아닌지 돌아보게 된다. 당당하지는 못할망정 사람이 지켜야 할 최소한의 덕목조차 버리고 사는 것은 아닌지 모르겠다. 당장 눈앞의 이익에 함몰되어 돈에 사족을 못 쓰는 쪼다로 말이다. 자신이 왜 그 자리에 존재해야 하는지, 무엇을 추구하며 살아야 하는지 목적조차 잊고서 말이다.

윤리와 직업모럴을 생각한다면 우선 그런 것부터 제대로 정립해야 할 것 같다. 그래야 당당하지 않겠는가?

웃음이 절로 나는 대국민 약속

장군만 그런 것이 아니다. 장군을 앞에 두고 호통을 치는 국회의원도 그렇고 그렇다(참, 모든 장군과 국회의원이 다 그렇다는 것은 아니니 시비 걸지 마시라). 선거 때만 되면, 또는 어떤 비리가 터지면 반복되는 일이 있다. 국회의원으로서의 특권을 내려놓겠다는 것이다. 그런데 그들이 실토하는 특권이라는 것을 자세히 들여다보면 웃음이 난다.

자, 보자. 2012년 1월, 우리나라의 어느 당에서 국회의원의 특권을 내려놓겠다며 '국회의원의 대국민 약속'이라는 것을 했다. 그 항목을 잘 읽어보자. 이런 걸 특권이라고 그동안 누렸다니 정말 쪼잔하고 수준이 낮다. 에고, 이 정도밖에 안되나 싶어 실소를 금할 수가 없다.

① 반말하지 않겠습니다.

② 골프를 하지 않겠습니다.

③ 비행기 이코노미석을 타겠습니다.

④ 열차요금 추가 부담을 코레일에 넘기지 않겠습니다.

⑤ 가족 및 친인척을 보좌진으로 임용하지 않겠습니다.

⑥ (디도스 사건 등 잘못이 발생했을 때는)보좌관과 연대 책임을 지겠습니다.

⑦ 공공장소에서 담배를 피우지 않겠습니다.

⑧ 폭력을 쓰지 않겠습니다.

8개의 항목 중에 절반은 주먹 좀 쓰는 고등학생의 반성문 같은 수준이다. 뭐 이런 것까지 '대국민 약속'이라고 거창하게 이름을 붙여 내놓았는지 본인들 스스로도 쑥스러웠을 것 같다. 그러고는 마지막을 이렇게 장식하고 있다.

'위 약속을 세 번 이상 지키지 않을 시에는 19대 총선에 불출마하겠습니다.'

사족 하나를 덧붙이겠다. 지금도 그 약속들은 잘 지켜지고 있겠지, 아마?

역사의 신을
믿으라

　　　　　　　권력을 좇아 '저 높은 곳을 향하여' 곡학아세曲學阿世
하기를 서슴지 않고, 본분을 잊고 자잘하게 돈을 챙기는 등, 별별 짓을
다 하는 사람들을 보면서 안중근 의사와 오버랩 되며 떠오른 사람이
있다. 김준엽 전 고려대 총장이 그분이다. '지성의 절개' '영원한 광복
군'이라는 수식어가 잘 어울리던 그분의 일생을 보면 직업모럴이니 윤
리니 하는 말이 오히려 쑥스러워진다.

　1944년 일본 게이오 대학교 사학과에서 유학하던 21세의 청년 김
준엽은 학병으로 일본군에 강제징집당했지만 목숨을 걸고 탈출하
는 모험을 감행한다. 그후, 중국 유격대에 들어가 항일투쟁을 하다가
6,000km를 걷는 대장정 끝에 충칭重慶의 우리 임시정부에 참여하게
되는데, 그 과정은 대하드라마 그 자체다.

　광복군의 마지막 세대로서 한·미 합동 군사 작전을 위한 특수 훈련
까지 받은 정예 독립투사였던 그는 지하 공작원으로 국내 진입을 준비
하다가 일본의 항복으로 해방을 맞이한다. 해방 후, 백범 김구 선생은
그에게 함께 나라를 위해 일하자고 했고, 초대 내각 총리를 지낸 이범
석 장군도 그를 영입하려 했으나, 모두 거절하고 학자의 길을 걷는다.

그를 '지조志操의 선비'로 기억하게 하는 에피소드는 그 외에도 많다.

1982년 고려대 총장이 된 고인은 정권에 고분고분하지 않았다. 당시는 광주 민주화 운동 이후 대학가에 시위가 끊이지 않던 시절. 군사정권은 시위 주동자를 징계하라는 압력을 강하게 가했으나 그는 "차라리 내가 그만두겠다."고 버텼고, 학생들은 총장 사퇴 반대 시위를 하며 당국의 압박에 저항하는 그분을 모셨다.

그는 여러 차례 고위 공직을 제의받았다. 4·19 혁명 후 장면 내각의 주일대사 제의, 5·16 후 김종필의 공화당 사무총장 제의, 1974년 박정희 대통령의 통일원 장관 제의, 노태우 대통령의 총리직 제의, 김영삼·김대중 대통령의 총리직 제의 등등. 특히 그중에서도 노태우 대통령 당선자(당시)로부터 국무총리직을 제의받는 자리에서 그것을 거절한 일화는 유명하다.

그는 "첫째, 노 당선자를 두 번 만나봤지만 잘 모르겠고, 둘째, 새 헌법에 따라 전두환 씨가 국정자문회의 의장을 맡게 되는데 강제로 정권을 장악하고 많은 사람을 괴롭힌 그에게 머리를 숙일 수 없고, 셋째, 지난 대선에서 야당 후보자에게 투표한 내가 총리가 되면 야당을 지지한 66퍼센트 국민의 뜻에 따라야 하는데 그 뜻을 이루기 어렵고, 넷째, 민주주의를 외치다 투옥된 많은 학생들이 아직도 감옥에 있는데 그 스승이라는 자가 총리로 있을 수 없으며, 다섯째, 지식인들이 벼슬이라면 굽실굽실하는 풍토를 고치기 위해 나 하나만이라도 그렇지 않다는 증명을 보여야 한다."며 다섯 가지 이유를 들어 거절한 것이다(시니어조선, 2011. 6. 8.).

"역사의 신을 믿으라. 정의와 선과 진리는 반드시 승리한다." 그분의 말씀이다. 그 믿음과 신념이 있기에 때로는 '하는 결단'으로, 때로는 '하지 않는' 결단으로 그분만의 길을 당당히 걸어갈 수 있었을 것이다. 격동의 20세기를 온몸으로 부딪치며 파란만장한 90평생을 살고 2011년에 영면하신 그분의 일생을 보면 어떻게 사는 것이 제대로 사는 것인지, 삶의 의미와 가치는 무엇인지 옷깃을 여미게 된다. 한 거인의 삶을 보면서 윤리를 다른 측면에서 새삼 생각하기를 권한다. 우리는 너무 '작은 삶'에 연연하는 것은 아닌지도 돌아봤으면 싶다. "역사의 신을 믿으라."는 그 말을 가슴 깊이 새긴다면 당당하게 양심을 지키며 좀 더 크게 세상을 볼 수 있을 것 같다.

양심의 추에
따르라

양심의 길을 걸으려면 때로는 외로움을 견딜 수 있어야 한다. 아니 이겨내야 한다. 역사의 신을 믿노라면 때로는 고독한 길을 가야만 한다. 그러나 그것은 단순히 외톨이가 되는 외로움이 아니다. 의로운 외로움이요, 정의의 신을 따르는 고독이다.

2016 리우 올림픽을 준비하는 과정에서 세계적인 파문을 일으킨 것이 러시아 선수들의 도핑사건이다. 러시아 정부가 조직적으로 개입했다는 그 사건을 처음 터뜨린 것은 러시아 육상 800m 대표였던 율리아 스테파노바Yulia Stepanova 선수다. 이를테면 내부 고발이었다.

그녀는 2009년 러시아 반反도핑 기구의 직원이던 남편 비탈리 스테파노프Vitaly Stepanov를 만나면서 인생의 굴곡을 드라마처럼 경험한다. 스테파노바는 미국에서 공부한 남편에게 "러시아는 메달을 따기 위해 모두가 약물을 복용한다." "약물이 피자처럼 배달돼왔다."는 등 광범위한 도핑 실태를 적나라하게 털어놨다. 그리고 이들 부부는 4년에 걸쳐 수차례나 세계반도핑기구WADA에 이런 사실을 제보했지만 소용이 없었다. 그러자 부부는 러시아 선수들의 대화 내용을 녹음기에 담아 독일의 '다스 에르스테Das Erste' 방송사와 접촉했고 그 내용이 다큐

멘터리로 독일에서 방영되면서 세계에 알려지게 된 것이다.

전 세계의 스포츠계는 경악했고 그제야 WADA가 조사에 착수하여 그들의 폭로가 사실임을 확인했다. 그리하여 국제육상경기연맹IAAF은 러시아 육상의 국제 대회 출전을 전면 금지하는 철퇴를 내렸다.

그로 인해 스테파노바는 '양심적인 내부 고발자'로 세계에 이름을 알렸지만 조국 러시아에서는 '배신자'로 몰리고 말았다. 동료 선수들조차 그녀를 고소하겠다고 덤볐고, 신변의 위험을 느낀 부부는 결국 러시아를 탈출하여 독일의 안가에 도착하기까지 거처를 여덟 번이나 옮겨다녀야 했다. 심지어 부모에게도 위치를 알리지 못할 지경이었다 (지금은 미국으로 거처를 옮겼다).

우여곡절 끝에 러시아의 도핑이 세계적 이슈가 됐지만 국제올림픽위원회IOC는 슬며시 책임을 회피한다. 즉, "최우선 과제는 도핑과의 싸움이다. 리우데자네이루 올림픽을 깨끗한 대회로 치르기 위해 필요한 모든 조치를 다할 것"이라던 IOC가 무관용 원칙을 천명한 지 불과 한 달 만에 교묘한 방법으로 러시아가 올림픽에 참가할 수 있도록 빗장을 열어버렸다. 러시아 선수단의 리우 올림픽 참가 여부를 각 종목 경기 단체에 넘긴 것이다.

그 배경에는 바흐Thomas Bach 위원장과 푸틴Vladimir Putin 러시아 대통령의 밀월 관계가 작용했다는 것이 정설이다. 두 사람이 밀접한 사이라는 것은 공공연한 사실로 주요 사안이 생길 때마다 러시아의 입장을 대변하는 바흐 위원장에 대하여 독일 일간지 〈빌트Bild〉는 "푸틴의 푸들"이라고 원색적 비난을 하기도 했다. 바로 이것이, 정의고 나발이고

다 그렇고 그런 세상사의 이치요, 슬프고 슬픈 현실이다. 이렇게 되자, 코너에 몰린 것은 어처구니없게도 율리야 스테파노바 선수다.

러시아는 스테파노바를 리우 올림픽의 러시아 선수 명단에서 제외시켰고, IOC는 스테파노바에 대해 '출전을 허용할 수 없다.'는 결정을 내려 맞장구를 쳤다. 괘씸죄가 적용된 것이다. 또한 '미녀 새'라는 별명으로 우리에게 잘 알려진 올림픽 금메달리스트 장대높이뛰기 스타 엘레나 이신바예바Yelena Isinbayeva는 "러시아 육상과 관련해 나온 유일하게 현명한 결정이 바로 스테파노바의 출전을 금지한 것"이라고 비아냥대며 "스테파노바는 평생 출전이 금지될 것"이라고 악담을 했다.

WADA는 "이러면 앞으로 누가 사실을 폭로하려고 하겠느냐."고 반발하고, 미국 USA투데이의 칼럼니스트 낸시 아무르Nancy Armour는 "IOC는 영혼을 팔았다."고 힐난했지만 허공 속의 외침에 그치고 말았다(조선일보, 2016. 2. 26. 일간스포츠, 2016. 7. 16.).

외롭더라도 의로운 길을 가자

이쯤 되면, 하버드 대학의 마이클 샌델Michael Sandel 교수가 던진 질문 '정의란 무엇인가'를 되뇌게 된다. 잘 알다시피 올림픽 정신이란 '스포츠를 통한 인간의 완성'이요, '승리보다는 참가하는 데' 있으며, '인간에게 있어 중요한 것은 성공이 아니라 노력'에 있는 것이다. 그러나 러시아의 도핑사건과 그에 대처하는 IOC에서 올림픽 정신을 찾기는 힘들다.

그러나 여기서 중요한 사실을 흘려보내서는 안 된다. 지금은 비록 스테파노바가 왕따가 된 것 같지만 그녀와 남편은 역사에 승자로 기록

될 것이다. 이런 뉴스와 책에 언급되는 것 자체가 이미 기록되고 있는 것 아닌가. 그러기에 김준엽 총장님의 '역사의 신을 믿으라.'는 권고가 의미있는 것이다. 만약 그 말로도 마음을 잡기가 힘들다면 러시아의 국민적 시인인 알렉산데르 푸슈킨Aleksandr Pushkin의 유명한 말(시)로 위로해야겠다.

"삶이 그대를 속일지라도
슬퍼하거나 노하지 말라!
우울한 날들을 견디면
믿으라, 기쁨의 날이 오리니."

아니, 그것으로도 흔들리는 마음, 외로움의 아픔을 견디기 힘들다면 이렇게 솔직한 외침을 던지고 싶다.
"세상은 도덕적이지 않아. 도둑적이야!"
그렇다고 당신마저도 '도둑적'으로 살 수는 없지 않은가. 왜냐고? 이 세상의 무게보다 당신의 양심과 삶의 무게가 더 무거우니까. 이럴 때일수록 양심의 추錘가 가리키는 대로 살아야 한다. 그것이 설령 외롭고 힘든 고난의 길일지라도.

소박한 삶의
당당함

1966년, 1,200 대 1의 경쟁률을 뚫고 영화 〈청춘극장〉의 주인공으로 데뷔한 윤정희 씨. 나의 세대에게는 아련한 추억의 여배우다. 330여 편 영화 중 325편에서 주연을 맡았던 그녀는 한국 영화사에서 가장 사랑받은 대스타로 꼽힌다. 출중한 미모는 말할 것도 없고 연기력을 통해 청룡영화상·대종상 등 여우주연상만 25번을 받았다.

그리고 1976년에 파리에서 두 살 연하의 피아니스트 백건우 씨와 결혼을 함으로써 화제를 뿌렸다. 당대 최고 여배우의 결혼이었지만 그녀는 신부 화장도 직접 했고, 예물은 실반지 한 쌍이 전부였단다. 가까운 지인 몇 사람이 지켜보는 가운데 프랑스 시골의 한 작은 성당에서 결혼식을 올렸다. 조촐하고 소박함 그 자체였다.

얼마 전, 어느덧 칠순이 넘어 우리 앞에 나타난 그녀의 인터뷰(조선일보, 2016. 7. 23.)를 보고 그녀가 더욱 매력 있게 다가왔다. 아니 인기 배우였다는 것을 떠나 존경할 만큼 훌륭한 인격의 소유자라는 생각이 들었다. 인터뷰를 통해 밝혀진 그의 삶을 대충 소개하면 이랬다.

"나는 미용실을 통 안 가거든요. 꾸미는 데 쓸데없이 돈과 시간 쓰는 게 싫어요. 건우 백(그는 남편을 이렇게 불렀다)이랑 파리에서 살기 시작한 이후로 한번도 안 갔지요."

인터뷰를 하던 날도 남편이 머리를 빗어 모양을 내줬단다.

"결혼하고 나서도 나는 메이드(가정부) 한번 쓴 적이 없어요. 도배도 우리 둘이 직접 했고요. 지금도 우린 자동차도 식기세척기도 없이 살아요(웃음)."

점입가경이다. 그녀는 휴대전화 한 대를 남편과 같이 쓴다고 했다. 늘 남편과 함께 있으니 굳이 전화기 두 대가 필요 없단다. 부부 일심동체 그대로다.

기자가 인터뷰 말미에 "삶의 마지막 모습을 스스로 고를 수 있다면 어떤 모습입니까?"라고 물었다. 그 질문에 그녀는 일단 남편에게 물었다. "당신이 내게 늘 그랬잖아. '평생 꿈만 꾸면서 사는 사람'이라고. 나는 그렇게 계속 꿈만 꾸다가 가고 싶은데 어쩌지?" 그러자 남편 백건우 씨가 부창부수한다. "응. 근데 나는 그렇게 살 수 있는 순수한 당신이 좋아. 당신이 부러워."

남편의 답변을 듣고 나서 그녀가 기자의 질문에 답했다.

"들으셨죠. 나는 마지막까지 자잘하고 세속적인 문제들로 지지고 볶고 살기보단 이렇게 아이처럼 근사한 꿈을 꾸면서 살다 갈래요. 돈이 얼마나 있는지, 얼마나 더 성공할 수 있는지는 생각하지 않을래요. 그저 더 멋진 영화, 더 아름다운 음악, 더 멋진 인생만 생각하다가 떠날래요."

그녀의 인터뷰에서 받은 강렬한 인상은 참으로 멋지고 격조 있다는 것이었다. 그것은 한마디로 '품격 있는 삶'이었고 '소박한 삶의 당당함'이었다. 아니 거꾸로, 당당하기에 소박한 삶을 즐길 수 있으리라.

소박한 삶은 진실된 것이다. 소박한 삶은 구차한 삶이 아니라 욕심을 버린 삶이다. 돈이나 권세로부터 어느 정도 자유로운 삶이다. 그리고 소박하게 사는 삶이야말로 참된 행복에 가장 근접하는 삶이다. 곰곰이 생각해보라. 호사스런 삶이 인생을 망치는 경우는 흔히 보지만 소박한 삶이 인생을 망치는 경우는 결코 없다는 점을 떠올려보면 소박함의 가치가 어떤 것인지를 새삼 깨닫게 될 것이다.

소박한 삶이야말로 가장 당당한 삶이요 윤리적인 삶이다. 대스타 윤정희 씨를 통해 어떻게 사는 것이 격조 있고 멋지고 당당한 것인지를 한 수 배운다.

SNS 시대를
당당히 사는 법

SNS 시대에는 처신을 극히 조심해야 한다. SNS는 양날의 칼과 같다. 대중 소통을 통해 혜택을 보는 경우도 있지만 무차별 소통으로 인하여 때로는 낭패를 겪을 수도 있기 때문이다. 트위터에 글 한 편 잘못 올린 것 때문에 곤욕을 치른 사례는 무수히 많고, 젊은 날에 객기로 올린 격정적인 글 하나로 인하여 훗날의 취업에 장애가 될 수도 있다. 때로는 별생각 없이 올린 사진 한 장이 쓸데없는 오해를 불러일으키고 수많은 사람들로부터 비난의 대상이 되기도 한다.

직업모럴이나 윤리·도덕과 관련해서도 마찬가지다. 고객을 불친절하게 대했거나, 또는 직장인으로서 부적절한 작은 행위가 SNS를 통하게 되면 전국적인 사건으로 비화될 수 있고 꼬리에 꼬리를 물어 확대됨으로써 결정타를 맞을 수 있다.

어떤 고급 공무원은 해외 여행지에서 함께 사진을 찍은 사람이 자랑하고픈 생각으로 자신의 페이스북에 사진을 올렸는데, 그것이 엉뚱하게도 고급 공무원에게 불똥이 튀어 윤리를 벗어난 행위의 증거로 부각되어 곤욕을 치렀다.

어떤 유명인은 SNS에 올린 사진의 배경에 나타난 희미한 흔적 때문에 불륜 스캔들에 휘말려 전국을 떠들썩하게 하지 않았던가(그 희미한 흔적을 용케도 잡아내는 귀신같은 사람들이 세상에 많다는 점을 잊지 말자).

이처럼 언제 어떤 일이 벌어질지 모르는 SNS 시대를 상처받지 않고 안전하게, 그리고 당당하게 살아가기 위해서는 나름대로의 행동수칙을 정해두는 것도 도움이 될 것이다. 유념해야 할 수칙은 많지만 일곱 가지 계명으로 만들어봤다. '1·2·3·4·5·6·7법'으로 처리하여 숫자의 음에 맞춰 계명을 만들었다. 여러분이 기억하기 쉽도록 말이다.

SNS 윤리 7계명

1. 일상을 조심할 것.

SNS 시대에는 조심할 것이 한두 가지가 아니다. 일상 생활 자체가 타인의 관심 사항이 될 수 있다. 단순한 일상도 상대가 어떤 시각에서 보고 어떤 댓글을 붙이느냐에 따라 전혀 다른 차원의 논리와 이야기가 될 수 있다. 따라서 항상 조심해야 한다. 심지어 택시를 타고 이동하면서 별생각 없이 이야기한 것이 블랙박스에 녹음되어 증거가 되고 사건이 될 수도 있다. 조심, 또 조심할 일이다.

2. 이웃에 당당할 것.

적은 가까이 있다. 아는 사람이 폭로하고, 아는 사람이 문제를 제기한다. 남을 모략질하는 투서의 거의 모두가 당신을 잘 아는 사람의 소행이다. 몰래카메라 등의 감시도 이웃에 의하여 행해지는 경우가 많다. 당신의 비밀은 당신을 잘 아는 사람, 당신과 이웃한 측근에 의하여

까발려진다. 슬픈 현실이지만 어쩔 수 없이 가까운 사람, 이웃을 경계할 수밖에 없다. 아니, 경계하는 소극적인 자세를 벗어나 가까운 이웃에 당당한 사람이 되도록 처신하는 게 올바른 자세다.

3. 삼갈 것. 원칙에 벗어나는 짓을.

남의 눈에 띄고 관심을 끌게 만드는 유별난 짓, 이상한 행동, 난폭한 언사, 요상한 옷차림, 이런 것들이 SNS의 표적이요 호재며 먹잇감이다. 국회의원이 본회의장에서 야한 동영상을 보다가 카메라에 잡혀 곤욕을 치르는 것도 바로 그런 유형이다. 따라서 범상치(?) 않은 짓을 할 때는 주위를 잘 살피기 바란다. 더 중요한 것은 윤리적 삶의 정도正道를 벗어난 짓을 아예 삼가는 것이다.

4. 사소한 것도 신경 쓸 것.

당사자로서는 사소한 것, 별 의미 없는 언행도 의미를 붙이면 거창한 게 된다. 청문회에 나선 장관 후보자들을 보면 예전에 별생각 없이 했던 언행이 크게 부각되어 곤혹을 치르는 경우를 종종 볼 수 있다. 종교 단체에서 행한 스피치를 거두절미하고 한부분만을 문제 삼아 여론을 만들고 그 때문에 장관이 되지 못하고 낙마한 사례도 잘 알고 있을 것이다. 심지어 상의를 입는데 여비서가 도와준 것을 빌미로 갑질이니 여성 비하니 해서 마치 파렴치한 사람인 양 코너에 몰렸던 사람도 있었다. 아무쪼록 사소한 것에도 신경을 쓰며 처신해야 한다. 그렇게까지 신경 쓰며 살아야 하냐고? 슬프지만 현실이다.

5. 오기傲氣로 표현하지 말 것

정치 관련 뉴스를 접하면 욱하는 기분에 욕지거리가 나오는 수가 많다. 욱하는 정의감(?)으로 분기탱천하여 SNS에 글을 올린 것이 발목을 잡는 경우는 비일비재하다. '아차!' 싶어서 지우려고 했을 땐 이미 상황 끝. 퍼질 대로 퍼져나갔고 확실한 증거로 남았으니까.

강의나 스피치 등 말을 할 때는 더 위험하다. 글은 그나마 생각을 다듬어 표현할 수 있지만 말은 즉흥적이다. 때로는 생각하는 것과 전혀 다르게 말이 나갈 수도 있다. 이것이 말의 위험성이다. 따라서 오기로 말하거나 흥분한 상태에서 글을 쓰지 말아야 한다. 큰 실수가 될 수 있으니까.

6. 육담을 피할 것.

가끔 성희롱에 걸려드는 사람을 보면 안타까울 때가 많다. 기준도 참 애매하다. 웃자고 한 소리인데 상대방에 따라 '성희롱'이 될 수 있고 '성희열(?)'이 될 수 있다. "아니? 그 정도의 농담도 못하나?" 싶은 것도 걸면 걸린다. 살면서 성희롱에 걸리는 것만큼 낭패스런 일이 없다. 저질스런 사람, 치사한 사람, 이상한 사람이 돼버린다.

예전에는 육담(음담패설 또는 Y담이라고도 한다)을 잘하는 사람은 좌중을 압도했다. 인기가 있었다. 그러나 이제 세상이 달라졌다. 육담을 즐기면 이미 꼰대 세대요 퇴출 대상이다. 자칫하면 범죄자의 반열에 오른다. 회원들끼리 소통하는 SNS의 대화방에서 은밀히 오고간 육담이 폭로되어 범죄자로 몰린 경우도 많다. 따라서 대화나 강의 때 성적 농담-육담은 피하라. 100명의 청중 중에 99명이 폭소하며 넘어간 야한 이야기도 단 한 사람의 시비로 SNS를 타면 큰 낭패를 볼 수 있다.

7. 칠칠치 못한 사람을 조심할 것.

내가 늘 강조하는 말이다. 요즘은 약간 '맛이 간' 사람, 인격적으로 칠칠치 못한 사람에 의하여 품격이 좋은 사람, 똑똑한 사람, 잘나가던 사람이 당한다. 남의 사소한 잘못을 꼬투리 잡고, 시비를 걸고, 은밀한 개인사를 까발리고 침소봉대하여 SNS로 퍼뜨리는 사람의 인격은 '안 봐도 비디오'다. 그러나 어쩌랴. SNS 시대는 오히려 그런 사람이 활개를 치는 것을. 그게 현실인 것을. 따라서 항상 칠칠치 못한 사람을 조심하고 경계해야 한다.

어떤가? 일곱 가지 계명이. 이런 글을 읽으면 아니, 그렇게까지 노심초사하고 조심조심하며 어떻게 사냐고 항변할지 모르겠다. 그러나 잊지 말라. 지금은 SNS시대라는 것을. 세상이 바뀌었다는 것을. 당신의 말과 글, 그리고 행위가 전 세계에 전파될 수 있는 시대요, 사소한 잘못으로 인생이 결딴날 수도 있는 세상이다. 그래서 요즘 SNS를 딱 끊고 사는 사람들이 늘어난다고 하지 않던가? 그래서 SNS를 하면 할수록 더욱 외로움을 느끼고 불행해진다는 연구결과가 나왔는지 모르겠다.

그렇다고 시대의 유용한 도구를 무시하고 살 수도 없는 노릇이다. SNS의 약점은 철저히 경계하고 조심하는 반면에 그 강점을 잘 활용하며 당당하게 처신하는 사람이 되자.

제4장

_____

기준을 확실히

– 마음이 흔들리지 않도록

_____

ETHICAL WISDOM

우리 사회의 가장 시급한 과제의 하나가 윤리요 직업모럴이다. 현직 대통령이 수사 대상에 오르내린 국정농단 사례는 그것을 극명히 보여주었다. 경제 개발도 소득 향상도, 그리고 성공이니 출세니 하는 것도 윤리와 직업모럴이 뒷받침되지 않으면 사상누각이라는 것을 말이다.

윤리와 모럴은 외부로부터 주어지는 강제력이 아니라, 양심이나 내심內心의 명령이다. 개인의 자발적 의지나 결단에 의하여 생겨나는 것이다. 그것은 '내가 이곳에 왜 있는지' '하는 일이 무엇인지'를 아는 도덕적 인식이며 신념이다. 그것이 없기에 부정부패에 휘둘리고 갑질을 하며 본분을 망각하게 된다.

이제 생각을 바꿔야 한다. 기준을 바꿔야 한다. 투자의 귀재로 많은 돈을 모으는 것 못지않게 통 큰 자선 사업으로 이름을 날리는 세계적인 부호 조지 소로스George Soros 회장이 "인간의 삶에서 돈이 지배할 수 없는 게 도덕성, 가족 관계, 지적知的 성취감 같은 것들"이라고 했듯이 우리의 직장 생활, 아니 삶의 기준을 새로 세워야 한다. 그것이 개인의 경쟁력을 강화하는 길이요, 지속 가능한 삶을 보장받는 길이다.

　이제 예전의 기준으로는 살아남을 수 없다. 관행이라는 이름으로 변명할 수도 없다. 빨리 환골탈태하여 행동을 바꾸는 것만이 바뀐 세상에 바르게 적응하는 길이다. 윤리나 직업모럴의 문제로부터 자신을 지키기 위하여 기준을 명확히 해두자. 그래야 부정과 비리의 유혹으로부터 마음이 흔들리지 않는다.

일상에서의
윤리와 기준

김형석 교수님. 1920년생이시니까 연세를 계산해
보라. 한 세기를 살아온 한국 철학의 큰 산맥으로 김태길, 안병욱 교수
와 함께 한국을 대표하는 1세대 3대 철학자로 불린다. 젊은이들은 생
소할지 모르나 우리 세대에게는 요즘의 아이돌 이상으로 우상 같은
분이다. 김태길, 안병욱 교수는 세상을 떠났고(모두 장수하셨지만) 김형
석 교수는 100세를 바라보며 아직도 강연과 저술을 하며 현장에서 일
하고 있다.

아 참, 김 교수의 이야기를 하려는 게 아니다. 최근에 김 교수가《백
년을 살아보니》라는 베스트셀러를 냈는데 그 소식을 접하며 안병욱
교수님이 떠오른 것이다. 그 이유는 완전히 사적인 인연 때문이다. 안
교수의 아들(그 역시 교수다)과 내가 나의 고향 춘천을 위해 닭 협동조
합을 만든 인연으로 친분이 두텁기 때문이다. 안 교수는 수많은 저서
와 에세이로 우리들의 젊은 날에 인생살이의 좌표를 정해주었는데 그
글이 생각났기 때문이다. 윤리와 관련해서 말이다. 안 교수는 특히 윤
리에 대한 글을 많이 남기고 강조하였는데 다음의 글을 소개한다. 꼼
꼼히 읽어보자. 윤리에 대한 기준이 명확해짐을 느낄 수 있을 것이다.

참의 원리

윤리란 인생을 살아가는 마음의 자세요, 생활의 지혜다.

그저 사는 것이 중요한 문제가 아니고, 바로 살고, 보람 있게 살고,

아름답게 사는 것이 중요한 문제다.

생을 보람 있고 아름답게 바로 살려면 언제나 정성된 노력이 요구되고,

생에 관한 지혜가 필요하다.

행복은 어디에나 마구 굴러다니는 것은 결코 아니다.

행복은 스스로 지혜와 노력으로 쌓아 올리는 창조의 탑이요,

애써서 찾아야 하는 인생의 파랑새다.

(중략)

우리는 자기에게 맞는 옷을 입어야 한다.

우리는 우리의 생활과 형편에 합당한

윤리의 옷을 입을 줄 아는 지혜를 가져야 한다.

우리의 생활에는 때 묻은 옷이 한두 가지가 아니다.

우리는 생활에 때 묻은 옷을 깨끗이 벗어버리고

새 옷으로 갈아입어야 한다.

그것이 인생을 아름답게 사는 지혜다.

아름다움이란 무엇이냐.

그것은 모든 존재가 저마다 저다운 것을 의미한다.

어린애는 어린애다울 때 아름답고

어머니는 어머니다울 때 아름답다.

선생은 선생답고 학생은 학생다워야 아름답다.

사람은 저마다 제자리가 있고

제자리에 따라서 제가 맡은 직분이 있다.

저마다 제자리에서 제 직분을 다할 때 비로소 아름다운 것이다.

미는 곧 질서요, 질서는 생명의 원리다.

(중략)

우리는 인간으로서 해야 할 일과 해서는 아니 될 것이 있다.

저마다 자기의 해야 할 일을 바로 알아서

옳게 행하는 것이 곧 우리의 윤리다.

윤리는 곧 생활의 질서요,

윤리를 깨뜨리는 것은 생활의 질서를 깨뜨리는 일이다.

질서가 깨어진 생활은 불행과 비극을 초래한다.

《인생은 예술처럼》중에서

중산층의 기준이
암시하는 것

안병욱 교수의 글을 읽어보면 윤리란 아름다운 것이요 생활의 질서이며 지혜임을 알게 된다. 그리고 삶의 기준을 돌아보며 옷깃을 여미게 된다. 그런데 막상 우리들의 마음속에 자리잡고 있는 삶의 기준은 어떠한가? 물론 사람마다 다를 것이기에 여기서 뭉뚱그려 이야기할 수는 없겠다. 그러나 우리네의 삶의 기준, 추구하는 생활의 모습을 유추할 수 있는 것이 하나 있다. 수년 전 SNS를 뜨겁게 달군 글이다.

이름하여 '중산층 별곡別曲'이라는 것인데 우리나라와 외국의 중산층 기준을 비교한 것이다. 이 글의 출처는 명확하지 않고, 여기저기에 떠도는 것들을 한데 모은 것으로 보이지만, 그런대로 여러 나라의 사회적 경향과 국민들의 의식을 가늠해볼 수 있다. 특히 우리들은 돈에, 외국의 경우는 윤리·교양에 초점이 모아진다는 것이 눈에 띈다. 자, 비교해보자.

프랑스(퐁피두 대통령이 제시했다는 기준)
－외국어를 하나 정도는 할 수 있어야 하고,

− 직접 즐기는 스포츠가 있어야 하고,

− 다룰 줄 아는 악기가 있어야 하며,

− 남들과는 다른 맛을 낼 수 있는 요리를 만들 수 있어야 하고,

− 공분에 의연히 참여해야 하고,

− 약자를 도우며 봉사활동을 꾸준히 할 것 등.

영국(옥스퍼드 대학에서 제시했다는 기준)

− 페어플레이를 할 것,

− 자신의 주장과 신념을 가질 것,

− 독선적으로 행동하지 말 것,

− 약자를 두둔하고 강자에 대응할 것,

− 불의, 불평, 불법에 의연히 대처할 것 등.

미국(공립 학교에서 가르친다는 기준)

− 자신의 주장에 떳떳하고,

− 사회적인 약자를 도와야 하며,

− 부정과 불법에 저항하여야 하며,

− 탁자 위에 정기구독 하는 비평지가 놓여 있어야 한다 등.

우리나라(직장인 대상 설문 결과에 의한 기준).

− 부채 없는 아파트 30평 이상 소유,

− 월 급여 500만 원 이상,

─자동차는 2,000CC급 중형차 소유,

─예금 잔고 1억 원 이상 보유,

─해외여행 1년에 몇 차례 이상 다닐 것 등.

오늘날 우리의 윤리가 흔들리는 것은 이런 삶의 기준과 관련이 있는 것은 아닐까? 우리 사회에서 종종 발생하는 윤리 문제의 대종이 돈과 관련된 부패라는 것은 바로 돈에 치중하는 우리 삶의 기준과 관련이 있을 것 같다. 이제 당신의 '중산층 기준'이 어떤지 궁금하다. 그리고 필요하다면 그 기준을 다시금 확고히 정립할 필요가 있다. 기준은 곧 가치관이다. 따라서 기준이 달라지면 윤리에 대한 인식은 물론이요 삶이 달라진다.

정상에
오르고 싶은가?

안병욱 교수가 말했다. 사람은 저마다 제자리가 있고, 그 자리에 따라서 맡은 직분이 있다고.

바꾸어 말하면 자신의 직분에 충실하자는 것이다. 그것이 윤리요 직업모럴이다. 직분을 벗어나면 자연스레 윤리 또는 직업모럴의 문제가 발생한다. 이치가 그럼에도 우리는 직분에 충실하기보다 '저 높은 곳을 향하여' 줄기차게 위로 오르려고만 한다. 정상에 오르고 싶어 하는 성향이 강한 것 같다. 소위 출세에 목을 맨다. 출세 지향이다. 아니, 정상에 오르려는 욕구가 나쁜 것은 아니다. 출세도 좋고 성공도 좋다. 그러나 그 이전에 그 정상이 어떤 곳인지 출세와 성공의 의미가 무엇인지부터 확실히 알아야 하는 것 아닐까?

미국을 대표하는 아웃도어 브랜드, 파타고니아Patagonia와 노스페이스North Face. 이들 두 브랜드는 모두 세계에서 가장 멋진 거대한 암벽을 로고로 사용하고 있다. 정상 정복을 향한 열정과 꿈을 상징하는 것이다.

원래 파타고니아의 설립자인 이본 취나드Yvon Chouinard와 노스페이스의 설립자인 더그 톰킨스Doug Tompkins는 여행과 극한 스포츠, 등반을 즐기던 친구 사이이다. 그래서 그들이 좋아했고 악전고투 끝에 정복했던 큰 산을 각각 자기들 회사의 브랜드로 삼았단다. 두 사람 중에 이본 취나드는 우리나라와도 인연이 깊다. 1960년대에 주한 미군으로 근무했으며, 북한산 인수봉에 177m에 이르는 고난도의 거대한 크랙으로 이루어진 등반 코스, 취나드 루트를 개척했을 정도니까.

채무가 없는 경영과 친환경적 녹색경영으로도 유명한 이본 취나드가 여기자와 인터뷰한 내용을 봤는데 인상적이었다. 그가 이런 말을 했다.

"정상에 오르고 보면 아무것도 없다. 그러기에 정상에 오르기까지의 과정이 중요하다."

의미심장하지 않은가?

목표보다는 과정

정상에는 사실 별 게 없다. 오르기 전에는 뭔가 대단한 것이 있을 거라는 무지갯빛 희망을 안고 오르지만 그것이 높으면 높을수록 더욱 더 아무것도 없다. 때로는 산소가 희박하여 사람 살 곳이 못 된다. 그렇다고 정상에 오래 머물 수 있는가? 곧 내려와야 한다. 이 상징적인 상황을 유념할 필요가 있다.

이본 취나드는 이 말을 꼭 등산만을 가리켜 언급한 게 아니다. 기업 경영에서도 마찬가지요, 개인의 삶에도 그대로 적용된다. 정상의 기업이 되는 것 못지않게 되기까지의 과정이 중요하며, 성공도 소중하지만 그것을 이루는 과정 또한 매우 소중하다는 의미가 될 것이다. 그래서 그는 기업경영을 하면서도 환경 운동을 벌이고 있다. 이를테면 이본 취나드식 윤리경영이라 할 수 있겠다.

우리는 저마다 성공을 꿈꾼다. 출세하려고 한다. 그런데 문제는 우리들이 흔히 사용하는 표현 그대로 '수단과 방법을 가리지 않고' 추구한다는 데 있다. 그러다 보니 여의치 않으면 편법을 동원하고 온갖 비리를 저지르게 된다. 결국 법을 어김으로써 추락하고 만다. 높이 올라갔을수록 더 처절하고 더 낮게 말이다.

피 터지는 경쟁 속에 죽기 살기로 현실과 마주해야 하는 우리들의 삶이긴 하지만 정상을 꿈꾸고 출세를 도모하기 전에 왜 그래야 하는지, 그리고 정상과 출세의 의미가 무엇인지부터 제대로 정립해야 할 것 같다. 수단과 방법을 가리지 않고 설령 정상에 오르면 뭐하는가? 결코 오래 있지 못하고, 때로는 한 방에 바람과 같이 사라질 수 있는데 말이다.

앞만 보고
달리지 말자

　　　　　　총리나 장관이라면 공직자로서 거의 '정상'에 오른 사람이다. 평생을 노심초사하며 쌓아올린 탑의 맨 꼭대기에 오른 사람이다. 그러나 그에 오르려면 반드시 통과해야 하는 좁고도 험난한 문이 있다. 이름하여 청문회다.

　인사 내정자 발표가 나면 그때부터 이 잡듯이 뒤지는 청문회의 한판 굿이 벌어진다. 솔직히 말해서 그 과정을 상처 없이 통과할 수 있는 사람은 흔치 않다. 아니, 거의 없다. 있다면, 수도승 같은 삶을 살았거나 아니면 별 볼 일 없는 사람일 가능성이 크다.

　지금과 같은 청문회라면 선뜻 '정상'에 서겠다고 나설 사람이 많지 않을 것 같다. 자기는 마치 성직자라도 되는 양 따지고 캐묻지만 그 국회의원을 포함해서 털어서 먼지 안 나는 사람이 거의 없을 것이다. 청문회가 이뤄지기도 전에 각 정당에서 의혹에 관한 성명서가 발표되고 이런저런 내용이 확인되지도 않은 채 언론에 보도되면서 이미 만신창이가 되기 시작한다. 개인의 능력과 자질을 검증하기보다 신변의 잡다한 것을 침소봉대해서 물고 늘어지는 데 당해낼 장사가 없다. 그러고라도 청문회를 통과하면 다행인데 그냥 취임도 못 하고 낙마해버리면 그야말로 끝장이다. 설령 어렵사리 통과한다고 해도 상처뿐인 영광인 경우가 많다. 해명이 된다고 해도 국민들의 뇌리에 선명하게 각인되는 것은 해명이 아니라 제기됐던 문제이기 때문이다. 총리나 장관을 1~2년 하겠다고 그 수모를 당할 필요가 있냐는 회의가 들 수밖에 없다. 막상 '정상'에 올라가 보면 별것도 없는데 말이다.

기준과 원칙을 지켜라

TV에 중계되는 청문회를 보노라면 한 가지 의문이 들 때가 있다. 아니, 저렇게 능력 있고 저 높은 자리에까지 오른 사람들이 어쩌면 하나같이 그토록 흠집이 많냐는 것이다. 논문표절이나 위장전입은 당시의 시대가 그렇게 허술했으니 그렇다 치고, 특정 교회나 향우회를 기반으로 ○○회라는 식의 이너서클 내지는 패밀리를 만들어 자기네끼리 해먹을 궁리를 했는가 하면, 교묘한 방법으로 병역 의무를 어물쩍 넘겼고, 해박한 법률 지식을 동원하여 기상천외한 편법으로 부동산을 사고파는 등 말이다.

왜 그렇게 흠집이 많이 생겼을까? 세 가지 정도로 이유를 찾을 수 있겠다. 첫째는 세상이 이렇게 변할 줄 몰랐을 테고, 둘째는 청문회의 대상이 될 만큼 지위가 높이 오를 줄 몰랐을 거고, 셋째는 목표만 생각하며 앞만 보고 달려 자신과 주변을 돌아보지 못했기 때문일 것이다.

앞으로도 세상은 어떻게 변할지 모른다. 청문회의 대상이 더 넓어지고 더 엄격한 잣대로 평가하려 할 것이다. 청문회라면 총리나 장관 등의 고위 공직자를 떠올리지만 앞으로는 민간 기업에서도 예리한 칼날로 고위 간부로서 부적격한 사람을 도려내려 할 것이다. 청문회라는 이름은 아닐지라도 말이다.

따라서 세 번째에 지적한 것처럼 앞만 보고 달리지 말고 항상 자신을 점검하고 주변을 살피며 살아야 한다. 언제 어디서 어떤 점검을 받더라도 당당할 수 있도록 말이다.

그렇다. 내가 말하고자 하는 것이 바로 그거다. 우리는 세상을 살면서, 그리고 직장 생활을 하면서 알게 모르게 앞만 보고 달리고 있다. 정상을 향하며, 더 높은 곳을 향하며 말이다. 그러다 보면 어느 때부터는 관성의 법칙에 따라 스스로 멈춰 서지를 못한다. '이건 아닌데' 하면서도 말이다. 그러노라면 결국 무리를 하게 되고 어느 순간에 자신도 모르게 넘어서는 안 될 선을 넘는다. 윤리와 모럴의 반칙을 넘어서는 선을 말이다.

정말이지, 앞만 보고 달리지 말자. 가끔은 멈춰서 자신을 돌아봐야 한다. 앞만 보고 달리는 바람에 무엇을 놓치고 있는지, 궤도를 이탈하고 있는 것은 아닌지 돌아봐야 한다. 1등을 하지 말라는 것이 아니다. 정상을 목표로 삼지 말라는 것이 아니다. 그것을 추구하되 기준과 원칙은 분명히 지켜야 한다는 말이다.

성공을 확실히 정의하라

직업모럴이든 윤리·도덕이든 그것을 지킨다는 것이 생각만큼 쉬운 일은 아니다. 이 험난한 세파에 얼마나 많이 흔들려야 마음의 중심추를 굳게 갖게 될지 모른다. 세속의 유혹에 흔들리지 않기 위해서 가슴에 담아야 할 기준은 여럿이다. 그중에서도 가장 중요한 것이 성공에 대한 확고한 기준을 갖는 것이다. 왜냐하면 사람들은 너 나 할 것 없이 성공을 꿈꾸고, 그 성공을 위해 최선을 다한다는 것이 그만 최악의 결과를 낳는 수가 많기 때문이다. 성공을 거머쥐려다 나락으로 떨어지는 수가 많기 때문이다.

성공이란 무엇일까? 성공에 대한 정의는 각양각색이다. 팔, 다리가 없는 몸으로 세상 사람들에게 용기와 희망을 주고 있는 닉 부이치치 Nick Vujicic는 "희망을 잃지 않고 최선을 다하는 것이 성공"이라고 했다. 전설적 스포츠 스타요 농구의 아버지로 칭송받는 존 우든 John Robert Wooden 도 비슷한 말을 했다. "당신이 최선을 다했다면 그것이 성공"이라고.

또한《좋은 기업을 넘어 위대한 기업으로》라는 베스트셀러로 유명한 짐 콜린스 Jim Collins 는 "세월이 흐를수록 가족과 주위 사람들이 점점 더 좋아하는 것"이라고 성공을 정의했고, 워렌 버핏 Warren Buffett 도

같은 말을 했다. 그는 "무엇이 성공입니까?"라는 한 대학생의 질문에 "성공이란 주변 사람들에게 사랑받는 것"이라고 했다.

누가 어떻게 성공을 정의했느냐는 사실 중요하지 않다. 각자의 입장과 처지에서 정의하기 때문이다. 당신도 당신 나름으로 자신의 신념에 맞춰 성공을 독립적으로 정의하면 된다.

그럼에도 불구하고 우리가 어떻게 살아야 하는지를 생각할 때, 옷깃을 여미게 하는 성공의 정의가 있다. 시인이며 철학자인 랄프 왈도 에머슨Ralph Waldo Emerson이 정의한 것이 그것이다. 워낙 잘 알려진 것이지만 천천히 음미하며 다시 읽어보기를 권한다. 일부러 원문까지 소개한다.

이 오래된 시를 싣는 이유가 있다. 모럴, 윤리와 어울리는 시라고 생각하기 때문이다. 이렇게 성공을 정의한다면 출세니 권력이니 돈이니 하는 것은 그리 중요하지 않을 것 같다. 모럴이니 윤리니 하는 문제 때문에 가슴 졸여야 할 일도 훨씬 줄어들 것이다.

무엇이 성공인가 What is Success?

To laugh often and much
자주 그리고 많이 웃는 것
To win the respect of intelligent people
현명한 이에게 존경을 받고
and the affection of children;

아이들에게서 사랑을 받는 것

To earn the appreciation of honest critics
정직한 비평가들에게 인정받고
and endure the betrayal of false friends;
친구의 배반을 참아내는 것

To appreciate beauty,
아름다움을 분별할 줄 알며
To find the best in others;
다른 사람에게서 가장 좋은 모습을 발견하는 것

To leave the world a bit better,
whether by a healthy child,
a garden patch or a redeemed social condition;
아이를 건강하게 기르거나, 한 뙈기의 정원을 가꾸거나,
사회 환경을 개선하거나,
조금이라도 더 나은 세상으로 만들고 떠나는 것

To know even one life has breathed easier
because you have lived.
자신이 한때 이곳에 살았음으로 해서

단 한 사람의 인생이라도 행복해지는 것

This is to have succeeded.
이것이 진정한 성공이다.

에머슨의 속삭임에서 어떤 느낌을 갖는가? 당신은 성공을 어떻게 정의하겠는가? 당신이 생각하는 성공의 기준을 조용히 생각해보자. 아직 그것에 대하여 깊이 생각한 바가 없다면 지금이라도 그것에 대한 정의와 기준을 명확히 해야 한다. 그것은 꼭 윤리나 직업모럴을 확립하는 데만 소용되는 게 아니다. 좀 더 나은 삶을 영위하기 위해 꼭 거쳐야 할 필수 과정이라 할 수 있다.

성실과 정직에 대한
확고한 신념을

"능력을 가진 사람은 3년 혹은 5년은 탁월하게 일할 수 있다. 그러나 그 사람이 성실·정직하지 못하고 잘못된 품성을 가졌다면 10년 혹은 20년 동안 그런 탁월성을 유지하기 힘들다. 장기적인 관점에서 성실·정직성을 바탕으로 능력을 키우는 사람이 자기 분야에서 인정받고, 조직 내에서 중요한 자리에 오를 가능성이 높다."

피터 드러커Peter Ferdinand Drucker의 말이다. 한마디로, 성공하려면 성실·정직해야 한다는 말씀인데, 성실·정직이야말로 윤리와 직업모럴의 바탕이요 근본이다.

먼저 성실이라는 기준에 대하여 확고한 신념을 가져야 한다. 피터 드러커의 말을 더 들어보자. "사람들은 영양 부족, 무지함, 자신감 결여, 예절 부족과 같은 것은 용서해도 성실성이 없는 것은 절대 용서하지 못한다."고 했다. 성실은 모든 능력에 우선한다는 의미다.

유교의 사서四書 중 하나인 중용中庸은 극단의 가치들을 충분히 고려해보고 숙성된 상황 속에서 자연스럽게 우러나오는 결단이란 뜻으로 대중에게 널리 알려졌지만 이 책에서 가장 강조하는 것은 다름 아닌 성실誠이다. 《중용》에 따르면 공자는 어린 나이의 군주인 애공哀公에게

나라를 다스리는 데 필요한 아홉 가지(九經)를 조언하는데, 그 아홉 가지를 모두 실천케 하는 단 한 가지 근본이 바로 성실이라고 했다(김용옥,《중용 인간의 맛》, 통나무, 2011).

나라뿐만 아니라 기업을 경영하거나 자기를 다스리거나 원리는 마찬가지다. 성실해야 한다. 직업모럴이나 윤리, 그리고 직업의식이니 프로근성이니 하는 것도 그 바탕은 다름 아닌 성실이다. 아니 윤리와 직업의식, 그리고 프로근성은 성실성 그 자체다.

예를 들어 기막힌 머리와 수완을 갖고 있는 사람이 성실하지 않다면 그 머리와 수완은 사기꾼이나 범죄자의 바탕이 될 뿐이다. 직장인으로서 크게 사고를 치고 회사를 쑥대밭으로 만드는 사람들을 보라. 보통의 머리로는 상상할 수도 없는 기막힌 방법으로 사기를 치고 사건을 일으킨다. 재능이 불성실과 결합됐을 때에 어떤 일이 벌어지는지를 우리는 수시로 보고 있는 것이다. 그런 뉴스를 접할 때마다 그 기막힌 머리에 혀를 내두르게 된다. 그런 기막힌 머리와 능력을 올바른 일에 발휘했다면 얼마나 좋았을까?

때로는 '혹시 머리 좋은 사람이 꾀를 부리며 불성실한 것은 아닐까?' 그런 생각을 하게 된다. 지능과 성실성 간에는 어떤 상관관계가 있을까?

연구에 의하면 둘 사이에는 밀접한 관계는 아니지만 다소 부정적으로 '약하게 반비례' 한단다. 약하게 반비례? 즉, 머리 좋은 사람이 덜 성실하다는 것이요, 덜 똑똑한 사람이 성실하게 행동한다는 말이다(대니얼 네틀,《성격의 탄생》, 김상우 옮김, 와이즈북, 2009). 왜 그럴까? 머리

회전이 빠르다 보니 잔머리를 굴리기 때문일 것이다. 요령을 부리고 몸을 사린다는 의미도 된다. 자신이 머리가 좋다고, 똑똑하다고 믿는 사람들은 이 점을 마음에 새겨둬야 한다. 어떻게 처신할 것인지 말이다. 진실로 머리가 좋은 사람은 성실하게 처신할 것이다. 그것이야말로 정말로 똑똑한 것임을 알 것이다.

성실하면 성공할 수 있을까?

성실하라면 이렇게 반박하는 사람도 있다. 성실한 사람이 꼭 성공하는 것은 아니더라고. 주위에서 그런 현상을 많이 보았다고. 아닌 게 아니라, 때로는 성실함이 주변머리 없고 요령 없는 처세로 보이기도 한다.

실제로 성격 연구에 의하면 성실성이 직업적 성공과 상관관계가 높지 않다고 한다. 놀랄지 모르겠다. 그러나 성급하지 마시라. 성공은 성실 하나만의 요인이 작동하는 게 아니니까 상관관계가 높지 않다는 것인데, 중요한 사실은 — 이게 정말 중요한 점이다 — 성실성이 높은 사람과 직업적 성공의 상관관계는 상당한 일관성이 있다는 사실이다. 그리고 그 상관관계는 직업에 관계없이 일정하다.

결론적으로, 성실성 한 가지 때문에 성공하는 것은 아니지만 성실성은 어떤 직업에서나 분명하게 성공의 요인이 된다는 말이다. 충분조건은 아니지만 필요조건이라는 말이 된다. 깊은 뜻을 잘 이해하여 마음에 새겨두자.

정직하지 않으면 따르지 않는다

다음은 정직이라는 윤리의 기준을 살펴보자.

윤리는 정직함이다. 도덕적이라는 것은 거짓이 없다는 것이다. 삶이든 사업이든 정직과 도덕성이 최고의 가치임을 실질적으로 증명하고 주장한 존 헌츠먼은 인간은 본질적으로 거짓말보다는 정직함을 소중히 여긴다고 했다. 정직은 인간의 원초적 가치요 양심이다. 그러기에 정직하지 않으면 무엇보다도 자기 스스로 괴로워진다. 스트레스를 받는다.

헌츠먼은 정직이 인간의 본성임을 보여주는 사례로 인도의 최북단, 히말라야 산맥에 위치한 아루나찰프라데시Arunachal Pradesh의 부족들을 꼽았다. 인도의 수도인 뉴델리 사람들조차도 낯선 그곳은 반원시적인 지역으로, 100개가 넘는 부족들이 각각의 문화, 언어, 그리고 그들만의 종교를 가지고 산다고 한다. 그런데 그들의 천차만별한 세계에도 절대적인 가치로 인정받는 것이 있으니 그중 가장 대표적인 것이 바로 정직이라는 것이다(존 M. 헌츠먼,《원칙으로 승부하라》, 이선영 옮김, 럭스미디어, 2011). (윤리경영에 대하여 공부하고자 하는 사람이라면 그의 책을 꼭 일독하기를 권한다. 나는 많은 영감과 감명을 받았다.)

리더십 연구로 유명한 미국의 제임스 쿠제스James Kouzes와 배리 포스너Barry Posner 교수는 25년 이상 온갖 조직의 리더를 연구하며, 전 세계의 7만 5,000명이 넘는 사람들을 대상으로 존경받는 리더가 갖춰야 할 특징과 성품을 설문 조사하였다. 결론은 정직이었다. 그는 "정직함이야말로 좋은 성품의 핵심"이라고 했다(존 맥스웰,《사람은 무엇으로 성장하는가》, 김고명 옮김, 비즈니스북스, 2012).

미국의 한 연구 기관이 미국 전역의 평사원들을 대상으로 설문 조사를 했는데 85%의 응답자가 자신의 리더에게 가장 원하는 것은 정직성과 윤리성이라고 답했다. 바른 사람이 아니면 따르지 않겠다는 말이 된다.

미국의 백만장자 733인을 대상으로 조사한 결과도 성공의 가장 큰 요인은 정직으로 나타났다(토마스 J. 스탠리, 《백만장자 마인드》, 장석훈 옮김, 북하우스, 2007).

그래서일까? 클라크Kim B. Clark 전 하버드 경영대학원 원장은 "모든 경영자들에게는 최고 수준의 정직이 요구되며, 하버드와 같은 대학들이 지식뿐만 아니라 윤리관과 정직성을 학생들에게 가르쳐야 할 책임이 있다."며 윤리와 정직을 같은 차원에서 강조했다. 임마누엘 칸트 Immanuel Kant도 일찍이 "정직이 최선의 정책이다."라고 말했다. 그 사람들이 세상살이의 이치를 몰라서 정직을 강조했을까? 오히려 세상의 원리를 꿰뚫고 있었기에 정직하게 정직을 강조했다고 보는 게 옳다.

이런 연구나 어록을 소개하면 끝이 없다. 윤리와 직업모럴의 결론은 성실, 정직이다. 성실과 정직은 동전의 양면과 같다. 어쩌면 성실은 정직과 동의어라 할 수도 있겠다. 성실하면 정직하고, 정직하면 성실하다.

성실과 정직이 그토록 중요함에도 불구하고 현실에서는 불성실하고 부정직한 사람이 판을 치는 것 같은 느낌을 받는 경우가 많다. 세상이 복잡해지고 생존 경쟁이 치열해지면서 사람들이 얍삽해지고 꾀를 부리며 거짓이 판을 치고 있는 게 현실이다. 성실하고 정직하면 오히려 바보가 되고 피해를 입고 왕따가 되는 세상으로 변한 것도 맞다.

그러나 잊지 말라. 성실하지 않은 사람이 한때 크게 성공하고 각광을 받을 수는 있고 그런 현상이 우리들에게 크게 보일 수는 있으나, 그런 이들의 끝장은 뻔하다는 것을. 불성실하게 살고 거짓으로 살다가는 언제 한 방에 훅 갈지 모른다는 것을 말이다.

어찌 보면 자발적이기보다는 강제적이라 할 수도 있다. '폭로의 공포' 때문에 억지로라도 정직하지 않고는 안 되는 세상이 됐다. 숨을 수 없는 세상으로 변했기에 어쩔 수 없이라도 성실하고 정직해야 한다. '공자님의 가르침'이 아니라 인터넷 혁명이 가져온 '정직의 혁명'이라 할 수도 있겠다. 따라서 하루라도 빨리 세상의 변화에 순응하는 게 살 길이다. 아니 인간 본연의 가치, 성실과 정직이 최선이라는 기본 원칙에 충실해야 한다.

'최강의 사람'이 되는 길

서기 1200년 무렵 인구는 200만 명, 군사는 10만 명에 불과했던 몽고가 어떻게 세계를 정복했을까? 어떻게 최강의 군사를 가질 수 있었을까? 여러 이유가 있겠지만 칭기즈칸이 절대 거짓말을 못 하게 했던 것도 이유의 하나란다. 칭기즈칸은 군사들에게 "잘못하든 실패하든 거짓말을 하지 말라."고 엄명을 내렸다. 잘못이나 실패를 거짓말로 덮는 순간 내부는 썩어버릴 것이라는 게 칭기즈칸의 신념이었던 것이다. 일당백의 전투력으로 세계 최강의 군사를 원했던 칭기즈칸이 거짓말을 금기시한 이유다(더 스쿠프, 2016. 8. 2.).

거짓말을 하지 말라는 것은 곧 정직하라는 것이다. 투명해야 한다는 것이다. 기업경영에서부터 자기경영에 이르기까지 투명하지 않고는 미래가 너무나 불투명하다. 매우 불안하다. 하루아침에 망할 수 있다. 최강의 군사가 되는 것은 그렇다 치고, 언제 어떤 위기에 봉착할지 모르는 이 시대에 항상 당당한 '최강의 사람'이 되는 길 역시 거짓 없이 정직하게 사는 것이다.

사소한 것에도
엄격한 기준을

아이다 하드지알릭Aida Hadzialic. 2014년 27세의 나이로 스웨덴의 최연소 장관(고등교육장관)이 된 여성이다. 그녀는 2016년 8월, 덴마크의 수도 코펜하겐 인근에서 있었던 모임에서 와인 두 잔을 마셨다. 그리고 4시간이 지난 후, 그쯤 됐으면 알코올 성분이 사라졌을 것이라 판단하고 직접 운전을 하여 덴마크와 스웨덴을 연결하는 다리를 건넜다가 음주운전 단속에 적발됐다. 당시 혈중 알코올 농도는 스웨덴의 음주단속 기준 0.02%를 넘은 것으로 체크됐다(참고로 우리나라 음주 운전 적발기준은 0.05%).

그래서 어찌 됐냐고? 결국 와인 두 잔이 스웨덴 역사상 가장 어린 나이에 장관직에 오른 20대 젊은 여성 정치인의 꿈과 야망을 한순간에 물거품으로 만들었다. 그녀가 장관직을 사임하면서 말했다.

"내 인생 최대의 실수다. 책임지겠다. 나도 나 자신에게 화가 난다. 깊이 후회하고 있다."

정말이지 얼마나 후회할까? 스스로에게 화가 난다는 말이 실감 있게 다가온다.

그 사실을 보도한 우리나라 신문 및 뉴스들의 기사 제목은 이랬다.

"장관도 예외 없다."

이 말을 뒤집으면 우리나라에서는 예외가 될 수 있다는 뜻이 아닐까? 어쨌거나 우리의 경우 한두 잔의 술을 마시고 운전하는 경우는 주위에서 흔히 볼 수 있다. 걸리지 않고 용케도 지금까지 버텨온 당신에게 축하(?)를 보낸다. 그러나 잊지 마라. 윤리의 문제는 작은 것에서부터 무너지기 시작한다는 것을.

술 한두 잔에 인생을 걸지 말자. 그러려면, 사소한 것에조차 엄중한 기준을 세워 철저히 실행해야 한다.

2016년 8월, 일본 내각을 개각하면서 오키나와-북방영토 담당 장관으로 발탁된 쓰루호 요스케鶴保庸介 의원. 며칠 후 그는 국민에게 사과하는 기자회견에 나섰다. 이유는 고속도로에서 속도를 위반했다는 것. 개각 직전인 7월에, 참의원 선거 지원 유세를 위해 차로 이동하다가 과속으로 적발된 사실이 드러난 것인데 인터넷을 중심으로 사퇴 압력이 거세게 일어났기 때문이다.

"모범을 보여야 할 장관으로서 자질 부족이다.""정치인 이전에 한 인간으로서 문제가 있다."라는 비판이 빗발쳤다. 그러고는 10년 전에도 속도위반으로 벌금 7만 엔을 냈다는 폭로가 이어졌다. 그런데 그가 소속된 자민당이 "뭐 그 정도의 일로 그러냐.""정치공세를 그만두라."는 식으로 그를 보호하고 나서지 않았다. 이것이 공직자 준법 기준에 대한 일본 사회의 높은 잣대라고 뉴스는 전했다(SBS 뉴스, 2016. 9. 6.).

그 뉴스가 보도되던 때, 우연히도 우리나라에서는 새롭게 지명된 장관 후보자에 대한 국회 청문회가 진행되고 있었다. 보기에 따라 '저런 사람이 장관을 할 수 있나?'라고 할 정도로 흠집이 있는 사람도 있었지만 그대로 임명됐다. 그중의 한 사람은 1년 동안에 주정차 위반 19회, 속도 위반 9회, 좌석 안전띠 미착용 1회 등 29회에 걸쳐 교통 법규를 위반했다고 지적됐다. 물론 당사자는 자신이 직접 운전을 하지 않았으며 선거 운동 기간의 특별한 사정이 있었다고 해명했다(뉴시스, 2016. 8. 31.).

하여간 우리나라는 통이 크다. 스웨덴, 아니 일본의 사례와 비교하면 참 너그럽다. 웬만해서는 슬쩍 넘어간다.

그러나 잊지 말자. 지금은 억지로 통과됐지만 앞으로의 기준은 날이 갈수록 칼날같이 예리해질 것이라는 점을. 한두 번 교통 법규를 어긴 것이 '인간성의 문제' '준법과 성실성의 문제'로 비화되어 꿈꾸던 '정상'을 눈앞에 두고 고꾸라질 수 있다는 것을.

유진 앨런에게서 배우는
기준과 원칙

유진 앨런Euguen Allen을 아시는가? 아마도 처음 들어보는 이름일 것이다. 그는 미국의 제33대 대통령 해리 트루먼Harry Truman에서부터 로널드 레이건Ronald Reagan 대통령까지 8명의 미국 대통령을 보좌한 백악관의 집사장이다. 흑인인 그는 핫스프링스의 홈스테드 리조트에서 웨이터로 일하다 워싱턴의 한 컨트리클럽으로 옮겨왔는데 그곳에서 특유의 성실함을 인정받아 1952년에 백악관에 들어갔다.

당시는 흑인들이 공중화장실조차 마음대로 출입할 수 없었던 시절이다. 그 역시 백악관에서 일하면서도 뒷문으로만 출입해야 했다. 흑인이 할 수 있는 일은 당연히 허드렛일뿐이다. 그는 접시를 닦고 캐비닛을 정리하는 등 궂은일을 했으나 워낙 과묵하고 성실했기에 곧 집사로 승진했고, 1980년에 드디어 집사들의 우두머리인 집사장이 됐다. 그리고 1986년 퇴직할 때까지 무려 34년 동안 여러 대통령들이 영광과 좌절을 겪는 순간을 옆에서 지켜보았다.

백악관을 떠난 후, 그는 자신이 모신 대통령에 대한 평이나 정치적 의견을 한번도 말하지 않았다. 그는 TV 방송국에서 꼭 출연시키고 싶은 매력적인 대상자여서 텔레비전 쇼에 출연해달라는 요청이 많았지만 거절했다. 자서전 출간, 강연 요청 등이 쏟아졌고 그런 것에 응하면 돈방석에 앉을 수도 있었지만 그는 응하지 않았다. 그의 아들 찰스는 "아버지는 언제나 자신을 그저 보잘 것 없는 집사로 여겼고 그런 생각을 즐겼다."고 말했다. 나는 이 말이 참 멋있다.

그는 오바마 Barak Obama 대통령의 취임식에 특별히 초청되었다. 자신이 집사로서 8명의 대통령을 모실 때는 오히려 가보지 못한 취임식이었다. 존 F. 케네디 John F. Kennedy 대통령이 암살당했을 때 장례식에 초대됐지만, 그는 "누군가는 남아서 장례식에서 슬픔에 잠겨 돌아오는 사람들을 챙겨야 한다."며 장례식에 참석하는 대신 부엌을 지켰다.

장례를 마친 케네디 대통령의 미망인 재키 Jacqueline Kennedy Onassis 가 대통령이 매던 넥타이 중의 하나를 선물했는데 그는 그것을 액자에 넣어 보관했다. 이렇듯 믿음직스럽고 성실하였기에 역대 대통령들은 신분을 뛰어넘어 그를 친구나 가족처럼 대하며 아꼈다.

65년을 함께했던 부인 헬렌이 2007년 대선 때 오바마에게 한 표 던지자고 약속했지만 공교롭게도 선거 하루 전날 세상을 떠남으로써 그를 안타깝게 했다. 그가 오바마 대통령의 취임식에 특별 초청됐다는 소식이 알려지자, 은퇴한 뒤 조지아 애버뉴 근처의 소박한 가옥에서 조용히 지내던 그는 또다시 뉴스의 초점이 되었다. 멀리 외국에서까지 수백 통의 편지가 배달되는 등, 사람들은 그의 특이한 삶의 궤적을 찬양하거나 국가에 대한 깊은 충성심에 존경심을 표했다.

그는 해병 의장대가 직접 자리에까지 안내하는 융숭한 대우를 받으면서 미국의 첫 흑인 대통령 오바마가 선서하는 모습을 눈시울 붉힌 채 지켜봤다. 그리고 2010년 3월 31일, 90세를 일기로 세상을 떠났다.

워싱턴포스트와 AP통신 등 미국 언론들은 그의 사망 소식을 비중 있게 보도하며 애도했고, 그의 인생을 모티브로 한 영화가 제작되었다. 〈버틀러 : 대통령의 집사〉라는 제목으로 2013년에 개봉된 영화는 전미 박스오피스 1위에 오르기도 했다.

우리의 시각에서 보면 그는 크게 출세하지 못한 사람일지도 모른다. 그럼에도 우리는 그에게서 삶에 대한 성실한 자세, 직업에 대한 투철한 사명감과 원칙을 지키는 정신, 옳은 것을 선택하는 용기와 '하지 않을 것은 하지 않는' 자제력 등을 배운다.

가끔, 출세했다는 사람들이 TV나 신문에 나와 자신의 인생철학을 말하는 경우를 본다. 잘 포장하여 삶의 기준과 원칙을 말한다. 그러나 솔직히 별다른 감흥이 없다. 홍보성 발언, 계산된 발언, 자기과시성 발언, 머리를 굴리며 하는 발언으로 느껴지기 때문이다. 그래서 유진 앨런을 이 자리에 모셨다. 그는 말하지 않았지만 감동을 주기 때문이다.

그는 우리에게 어떻게 살라고 외치지 않았다. 그럼에도 우리는 안다. 무엇이 진정한 성공인지를. 무엇이 인생의 참가치인지를. 무엇이 정도인지를, 직업모럴과 윤리가 무엇인지를, 그리고 무엇보다도, 기준과 원칙을 갖고 사는 삶이 얼마나 소중한 것인지를. 머리가 아니라 행동으로 말하는 것이 무엇인지를 말이다.

(나의 책《1인 혁명가가 되라》중에서.)

이기는 것보다 더 소중한 것

2016년 리우 올림픽. 전.세계인을 감동시킨 명장면이 있다. 여자 육상 5,000m 예선 2조에서 뉴질랜드의 니키 햄블린과 미국의 애비 다고스티노가 보여준 장면이 바로 그것.

2500m를 지나 선수들이 막판을 향해 뒤엉켜 달릴 때 햄블린이 무엇엔가 걸려 갑자기 넘어졌고 바짝 뒤를 쫓던 다고스티노가 햄블린을 피하다 다리에 걸려 넘어지고 말았다. 그 순간 다고스티노가 벌떡 일어나 트랙에 쓰러져 있는 햄블린에게 다가와 어깨를 두드리며 "일어나. 같이 뛰자."라고 말을 건넨다. 스타트 라인에 서기까지 일면식도 없던 사람의 격려에 힘을 얻은 햄블린은 일어섰고 두 선수가 몇 걸음을 함께 옮겼을 때 이번에는 다고스티노가 주저앉았다. 다리에 문제가 생긴 것이다.

그러자 이번에는 햄블린이 멈춰 섰다. 그러고는 "괜찮아? 뛸 수 있겠어?"라고 묻고는 두 팔을 이끌어 세웠다. 다고스티노는 그 후로도 다리를 절룩이고 극심한 통증으로 얼굴을 찡그리며 주저앉지만 결국 두 사람이 함께 달려 결승점을 통과했다.

두 선수의 올림픽은 사실상 그렇게 끝났다. 먼저 골인한 햄블린은 다고스티노가 도착하자 다가가 서로 부둥켜안았고 관중들은 아름다운 꼴찌들을 기립박수로 격려했다. 경기 후 햄블린이 말했다.

"모두가 메달을 원하지만, 이기는 것보다 더 소중한 것이 있다."

그녀의 삶의 기준과 원칙이 많은 이들의 가슴에 울려 퍼졌으면 좋겠다.

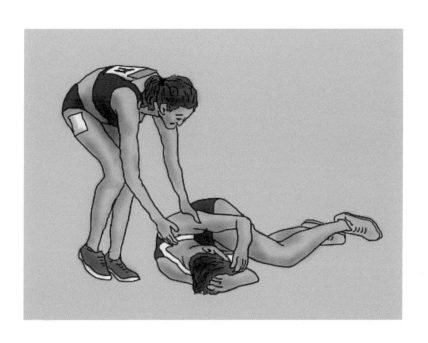

제5장

윤리경쟁력과 직업모럴
– 프로페셔널의 길

ETHICAL WISDOM

"윤리가 경쟁력이다."

이 말이 나온 것은 이미 20여 년 전부터다. 앞에서 언급했듯이 미국의 에너지 기업 엔론의 회계부정에 따른 몰락에서부터 크게 부각되었다. 즉, 개인보다는 기업 윤리에서부터 시작된 것이라 할 수 있다.

그러나 기업경영에서 비롯된 윤리경영은 이제 직장인 개인의 문제로도 심각하게 다루는 화두가 되었다. 자기경영이라는 말이 있듯이 이제는 경영자에서부터 신입사원에 이르기까지 자기를 윤리적으로 경영해야 한다. 거짓과 기만으로는 생존하지 못한다. 불성실하고 부정직해서는 지속적으로 발전하는 삶이 보장되지 못한다. 어느 날 갑자기 몰락하고 만다. 이런 위험성은 세상이 발전할수록 경쟁이 치열할수록 더욱 심각해진다.

그 위험으로부터 자유로워지려면 가장 먼저 실천해야 할 것이 윤리요 직업모럴이다. 당당하고 품격 있는 삶이 지속되려면 윤리 경쟁력부터 갖춰야 한다. 그것이 프로페셔널의 길이다.

이 장에서는 기업의 윤리보다는 직업인으로서의 윤리 경쟁력, 즉 직업모럴-직업의식 및 프로근성 등을 중심으로 이야기를 전개하겠다. 즉, 어떻게 일할 것인가의 문제를 다룬다. 직업모럴이란 결국 일에 임하는 자세의 과제이기 때문이다.

일과 직업을
어떻게 볼 것인가?

　　　　　직업모럴은 자신의 직업, 자신의 일을 어떻게 보는지에서 출발한다. 프로근성이니 직업의식이니 하는 것도 마찬가지다. 직업과 일에 대한 생각이 확고하면 직업모럴, 직업의식의 문제는 저절로 해결될 것이다.

　일(직업)을 어떻게 보고, 어떻게 수용해야 할 것인지에 대하여는 몇 가지 논의가 있다. 첫 번째로 등장하는 것이 '천직天職론'이다. 자신의 직업(일)을 자기에게 딱 맞는, 하늘이 연분을 맺어준, 궁합이 맞는, 운명처럼 다가온, 천생연분의 일로 받아들이자는 것이다.

　또 하나는 '소명calling론'이다. 좋든 싫든, 어떤 일을 하든지 간에 하나님이 명령한 거룩한 소명으로 생각하고 받아들이자는 것이다. 종교개혁가 마르틴 루터Martin Luther가 대표적이다. 그는 성직자는 물론이고 구두수선공일지라도 자신의 일을 열심히 함으로써 신을 기쁘게 하고 인류의 복지 향상에 기여할 수 있다고 했다.

　소명론의 결론은 각자 타고난 직업에 만족해야 한다는 것이다. 설령, 운수 사납게 농노로 태어났다 하더라도 그 일은 신이 미리 정해준 것이요 명령한 것이니, 어쩔 수 없이 열심히 일해야 한다는 말이다(로

먼 크르즈나릭,《인생학교 : 일》, 정지현 옮김, 쌤앤파커스, 2013).

당신의 배역에 충실하라

소명론이 종교적 색채가 강한 주장이라면, 현실과 타협한 '배역론'
도 있다. 연극에서 저마다의 배역이 있듯이 인생이라는 연극에서도
저마다의 배역이 있으니까 그 일, 즉 배역에 충실하자는 논리다. 연극
에는 주연이 있고 조연도 있다. 이때 다른 이가 주인공 역을 맡든 아니
든, 나는 나에게 주어진 배역을 제대로 연기해낼 때 보람과 즐거움을
느낄 수 있을 것이다. 반면에 자기의 배역에 못마땅해 하며 남의 배역
만 넘본다면 그것은 고통이다. 마찬가지로 삶이나 직장에서도 자기의
배역을 긍정하고 받아들이지 못하면 방황할 수밖에 없다. 반면에 어
떤 배역이든 겸허하게, 감사히 받아들이면 남과 비교하지 않고 열심히
연기할 수 있을 것이다(김상운,《마음을 비우면 얻어지는 것들》, 21세기북스,
2012).

그러나 이러한 직업관들은 현실적인 저항에 부딪힐 수 있다. 특히
천직론과 소명론이 그렇다. 예컨대 열악한 환경의 쇼핑센터에서 고객
을 상대하는 감정 노동자(그가 더욱이 임시직이라면)나 극한 환경에서
일하는 저임금의 근로자에게 그것이 천직이요 소명이며 하늘이 점지
한 것이라고 해보라. 콧방귀를 넘어 격렬한 항의에 직면할지 모른다.
"그렇다면, 나는 평생 동안 이런 일을 하며 이렇게 살아가라는 하나님
의 부름이 있었단 말이냐?"고. 그런 면에서 오히려 배역론이 현실적이
다. 연극에서 어떤 배역이든 최선을 다하듯이 각자 맡은 바대로 최선

을 다하자는 것이니까 말이다.

앞에서 다룬 백악관의 집사장 유진 앨런을 비롯하여 이 책의 여기저기에 등장하는 사례의 인물들은 결국 자신의 배역에 가장 충실했던 사람들이다. 이렇듯 배역론이 주어진 배역에 충실하자는 것이라면 자신의 역할(배역)과 의미를 적극적으로 찾는 방법도 있다. 잡 크래프팅Job crafting이 그것이다.

역할과 의미를 찾는
잡 크래프팅

영국의 문호 셰익스피어 William Shakespeare가 런던 교외에 있는 유명한 레스토랑에 식사를 하러 갔을 때의 이야기다. 그가 식당에 들어서자, 손님들이 모두 일어나 그에게 경의를 표했다. 그때 구석에서 청소를 하던 종업원이 그 모습을 바라보고 빗자루를 내려놓으며 자신의 처지를 한탄했다. 우리식 표현으로 한다면 "젠장, 이렇게 살아서 뭐하나?"라고 했을 것이다. 그 신세타령을 들은 셰익스피어가 그 종업원에게 다가가 "왜 그러냐?"고 물었다.

"선생님 같은 분은 인생을 살면서 이토록 유명한데 저는 이곳에서 선생님의 발자국이나 청소하는 처지라서 그렇습니다."

그 말을 듣고 셰익스피어가 말했다.

"젊은이, 그렇게 생각하지 말게. 내가 하는 일은 펜을 들고 이 우주의 일부분을 아름답게 묘사하는 것이지만, 자네가 하는 일은 빗자루를 들고 이 우주의 일부분을 아름답게 보전하는 것일세."(차동엽,《무지개 원리》, 국일미디어, 2012).

이렇게 자신이 하고 있는 일에서 개인적·사회적인 의미와 보람, 가치를 발견하거나 재규정함으로써 즐거이 일에 몰입하는 직업관이 잡 크래프팅이다.

잡 크래프팅은 펜실베이니아 대학교의 저스틴 버그Justin Berg, 미시건 대학교의 제인 두튼Jane Dutton, 예일 대학교의 아미 레즈네스키Amy Wrzesniewski 교수 등이 발전시킨 개념이다. 이들은 실제로 병원에서 일하는 청소부들을 분석했더니 두 그룹으로 나뉘더라고 했다. 하나는 단순히 돈을 벌기 위해 청소부 일을 하는 그룹이고, 다른 하나는 청소 일이 환자들의 회복을 돕는다고 생각하는 그룹이었다. 어느 쪽의 청소부가 더 열심히 일하고 더 행복한지는 물어보지 않아도 알 수 있을 것이다.

자신의 일에 의미를 부여하는 후자의 청소부들은 단지 쓰레기를 치우고 더러운 빨래를 세탁하는 것이 아니라, 스스로가 환자들의 건강과 병원의 원활한 운영에 기여하고 있다고 생각했다. 그들은 간호사, 환자, 방문객들과 좀 더 긴밀한 관계를 맺고 자진해서 환자와 병원 직원들을 기분 좋게 해주려고 애썼고 자신의 일을 넓은 맥락에서 생각하고 적극적으로 의미를 부여했기에 창조적인 방식으로 일을 했다. 이렇게 자신이 하는 일이 세상을 바꾸는 의미 있는 일이라고 믿는 병원 청소부는 자신의 일에서 의미를 느끼지 못하고 따분하게 여기는 의사보다도 더 행복할 수 있다는 것이다.

잡 크래프팅은 자기에게 주어진 일을 자발적이고 능동적인 자세로 의미 있는 변화를 만들어내는 과정을 말한다. 잡 크래프팅을 통해 자신의 일에 대한 자긍심을 높일 수 있고, 기업은 성과 향상 등 긍정적 효과를 이끌어낼 수 있다. 이는 직원 스스로가 자발적으로 변화를 이

뤄낸다는 점에서 관리자가 주도하는 잡 디자인_{job design}(직무 설계)과 다르다.

예컨대 헤어 디자이너가 단순히 고객의 머리를 손질해주는 것을 넘어 서비스의 과정에서 고객과 자연스러운 대화를 통해 긍정적인 관계를 형성한다고 생각하면 일에 대한 생각이 달라질 것이요, 그에 따라 고객의 재방문율이 높아져 매출 신장과 연결될 수 있을 것이다.

잡 크래프팅을 통해 이렇게 인식을 바꾸자는 것은 어쩔 수 없는 현실에 안주하거나 눈높이를 낮추어 만족하라는 것이 아니다. 불평이나 방황, 스트레스를 받는 대신에 현실 문제에 대해 적극적으로 해결책을 고민하며 더 나은 내일을 위해 정진하자는 것이다. 의미를 찾게 되면 자신의 일에 더욱 머리와 마음을 써서 잘할 것이다. 그러면 일과 타인을 대하는 태도와 행동이 달라질 것이다. 그럼으로써 직업의식이 확립되고 모럴이 정립될 것이다. 이 단계를 넘으면 자연스럽게 자기의 일을 천직과 소명으로 받아들이게 되고 배역에 충실할 수 있을 것이다.

직업과 일에
만족하지 못하는 이유

직업모럴이나 프로근성은 자기의 직업, 자기가 하는 일에 대한 정확한 진단과 확고한 신념이 정립될 때 형성된다. 그리고 직업과 일에 대하여 만족할수록 직업모럴에 대한 인식이 높아진다. 반대로 신념이 약하고 만족도가 낮으면 모럴이 흔들리고 직업의식이 낮아질 수밖에 없다. 물론 자기 직업에 대한 신념보다는 '해먹을 것이 많기 때문에' 만족하는 사람도 있기는 있다.

우리네의 경우, 자기 직업에 만족하는 사람은 상대적으로 많지 않은 것 같다. 여행을 하며 세계의 구석구석을 보여주는 TV 프로그램을 보면 국민 소득과 관계없이 다른 나라 사람들은 의외로 자신의 직업과 일에 만족감을 표하는 경우를 자주 본다. 우리의 입장에서는 좀 험한 일을 하고 심지어 3D업종에 종사하는 사람들조차도 소박한 웃음을 지으며 "직업에 만족하며 행복하다."고 말하는 사람들을 흔히 접할 수 있다.

그런 면에서 우리나라 사람들은 꿈이 큰 것 같다. 다른 말로 표현하면 자신의 입장과 능력과 처지는 돌아보지 않고 욕심이 많다는 말이 될 것이다. 욕심이 많으면 당연히 만족도는 떨어지게 된다.

우리네 직장인들의 직업만족도가 통계적으로 높게 나오느냐 낮게 나오느냐는 뒤로 제쳐두고, 사람들이 평소에 말하는 것만 봐도 직업에 대한 불만이 잘 나타난다. 예컨대 신이 내린 직장이라는 공기업의 임직원들에게 "당신의 직장이 그렇게 신선놀음을 하는 곳이냐?"고 물어보라. 또는 연예인이나 고시를 패스한 검사나 판사에게 물어보라. 아마도 '죽을 지경'이라고 엄살스런 푸념을 듣게 될 것이다.

아 참! 직업만족도가 어느 수준인지를 알려면 그런 질문보다는 오히려 이직희망률을 보는 것이 훨씬 합리적이겠다. 취업 포털 '사람인'이 직장인 5,000여 명을 대상으로 실시한 설문조사에 따르면 직장인의 92.5%가 '이직할 의향이 있다.'고 답했다. 그리고 실제로 이직을 준비하고 있는 직장인도 60.9%에 달했다.

무려 92.5%가 이직할 생각을 갖고 있다니! 이는 직장인 거의 모두가 이직을 생각하고 있다는 말이요, 거꾸로 말하면 자신의 일에 불만이 크다는 의미가 될 것이다.

그뿐만 아니라 직장인들에게 새해의 희망 사항을 꼽아보라면 '좋은 조건으로 직장을 옮겼으면'하는 것이 1~2위를 다툴 정도다.

예전에 입사 3년차 이하의 젊은이들에 대한 강의 요청을 받았을 때의 일이다. 교육담당자는 "강의 내용 중에 이직하지 않고 열심히 일해야 한다는 내용을 특별히 강조해 달라."고 부탁을 해왔다. 그런 경우가 한두 번이 아니다. 현실이 어떤지 짐작할 수 있을 것이다.

이렇게 자신의 일에 만족하지 못하고 어떻게 하면 떠날 것인가를 생각하는 이들에게 어떻게 건전한 직업모럴, 투철한 사명감, 진지한 윤

리의식을 기대할 수 있을 것인가? 직업의식이니 프로근성이니 하는
것 또한 연목구어가 된다.

비교와 착각은 금물

왜 사람들은 자기의 일과 직업에 만족하지 못하는가? 그 이유는 여
러 가지일 것이다. 사람마다, 직업마다 다를 것이요, 이것을 연구한 사
람에 따라 또 다를 것이다. 그런 이론 중에 심리적으로 분석한 것이 있
는데 우리나라에 잡 크래프팅 개념을 도입한 임명기 씨의 주장이 그
것이다. 그는 '본능적인 타인과의 비교' '누구나 할 수 있다는 긍정의
환상' 그리고 '직업 선택의 기회가 많은 점' 등 세 가지 이유로 인하여
만족하지 못한다고 했다. 그러나 나는 이를 수정하여 다음과 같이 두
가지를 말하고 싶다.

첫째는 타인과 비교하기 때문이다. 속담에 "제 떡보다 남의 떡이 더
커 보인다."는 말이 있는데, 직업에 대한 불만도 그렇게 발생한다. 다른
사람의 직업은 장점만 눈에 띄는 반면에 자신의 일은 단점이 크게 보
인다. 설령 자기의 직업에 대하여 남들은 오히려 부러워하고 있음에도
자기는 항상 더 좋은 직업과 비교함으로써 불만족하는 것이다.

영국의 철학자 버트란트 러셀Bertrand Russell은 이렇게 말했다. "거지
는 백만장자를 부러워하지 않는다. 자신보다 조금 돈이 많은 거지를
부러워할 뿐"이라고. 이런 시각, 바로 이웃과 비교하는 바람에 사람들
은 늘 불만족하고 불행하다.

둘째는 긍정적 착각 때문이다(이것은 임명기 씨가 제시한 '긍정의 환상'

과는 좀 다르다). '긍정적 착각positive illusion'이란 사람들은 자기 자신을 평균 이상으로 좋게 평가한다는 것이다. 자신의 역량을 과대평가하고 미래에 대한 비현실적인 기대감을 갖는다. 이러한 긍정적 착각은 '나도 할 수 있다.'거나 미래와 삶을 긍정적으로 봄으로써 대인 관계나 동기 부여에 유익한 결과를 가져오기도 한다. 그러나 자기 자신을 실체 이상으로 높이 평가함으로써 현실 적응에 실패하는 요인이 되기도 한다. 이것이 문제다. 예를 들어 '나는 이런 직장에 있을 사람이 아니다.' '운수 나쁘게 이런 직업을 갖게 됐다.'고 생각하며 자신의 일과 직업에 만족하지 못하는 것이다. 그러니 이직을 꿈꿀 수밖에.

긍정적 착각은 직업에 대한 불만족의 원인이 됨과 동시에 자신의 비윤리를 합리화시키는 데도 작용을 한다. 조사에 의하면 우리나라 정치인의 98%가 자신은 도덕적이라고 생각한단다. 반면에 자신을 제외한 다른 정치인들에 대해서는 66%만이 도덕적이라고 평가했다(이철우,《나를 위한 심리학》, 더난출판사, 2007). 이거 정말 웃긴다. 일반 국민들이 그들을 어떻게 보고 있는지를 안다면 졸도할 것이다. 국민들은 국회의원 등 정치인의 99.6%가 비도덕적이라고 했으니 말이다(세계일보, 2015. 3. 6.).

이것이 바로 긍정적 착각이 일으키는 부작용이다. 이쯤 되면 착각 정도가 아니라 정신 감정을 의뢰해야 할 수준이라 할 수 있겠다. 이렇게 되니 직업모럴이니 윤리니 하면 남의 이야기로 받아들이게 된다.

정치인만이 아니다. 정도의 차이는 있지만 누구나 그런 착각 속에 산다. 그래서 윤리나 직업의식을 말하면 속으로 "나는 괜찮다." "나 정

도만 하라.", "너나 잘 하세요."라고 외치게 되는 것이다. 아무쪼록 착
각에서 벗어나 제정신을 차려야 하겠다. 윤리와 직업모럴의 과제는 그
것에서 실마리를 찾게 될 것이다.

직업모럴이란
본분을 다하는 것

　　　　　　　　　　나이가 든 만큼 의사의 경력은 화려했다. 병원 복도에 걸려 있는 경력을 보니 일류 의과대학을 나오고 젊은 시절에 일류 병원에서 일했단다. 심지어 대통령 주치의와 비슷한 일(주치의는 아니고 보조)도 했다고 기록되어 있다. 진료를 받기 위해 대면해 보니, 나이 든 사람 특유의 고집스런 얼굴과 무표정이 별로 마음에 들지 않았지만 거꾸로 해석하면 그만큼 권위가 있을 것 같기도 했다.

　엄지손가락에 갑작스럽게 압력을 준 관계로 팔목이 약간 불편해서 그에게 진료를 받았는데 대뜸 MRI를 찍어봐야겠다고 했다. 아니, 이 정도에 무슨 MRI를? 순간, 이거 뭔가 좀 과잉 진료라는 생각이 스쳤다. "얼마냐?"고 물었더니 50만 원이 좀 넘을 거라고 대수롭지 않은 듯이 말한다. '이 정도에 거금을 들여?' 내가 좀 망설이는 듯하자 그가 눈치 빠르게 말을 이었다.

　"실비 보험을 들지 않았냐?"고. 보험은 들었다고 대답하자, "6시간 정도 입원한 것처럼 수속을 하면 보험으로 보상받을 수 있다."고 편법인지 위법인지를 친절하게 안내해줬다. 그 병원을 나서며 퍼뜩 떠오른 것이 있다.

'그 의사는 왜 그 자리에 있는 걸까?' '일류 의과대학을 나오고, 그만큼 이름이 나고, 그 정도로 세상을 산 사람이 왜 그럴까?'

(참고로, 다른 병원에서는 주사 한 대와 손목보호용 붕대를 감는 것으로 치료를 끝냈고 일주일쯤 지난 후 완치되었다.)

이건 윤리라기보다는 직업모럴의 문제다. 윤리가 도덕적 측면이 강하다면 직업모럴은 의식이나 본분에 가깝다 할 수 있다.

오늘날 우리 사회가 안고 있는 큰 문제의 하나는 직업모럴의 실종이다. 직장인들이 왜 그 자리에 있는지, 자신의 본분이 무엇인지를 망각하고 있는 것이다. 그 어렵다는 고시를 합격한 사람으로 출셋길에 들어선 이들이 '더 높은 곳을 향하여' '더 많은 돈을 위하여' 자신을 버리는 것을 보면 정말이지 안타깝고 때로는 불쌍하다. 그렇게 해서 과연 무엇을 이루겠는가 말이다. 그 삶의 천박함을 아는지 모르는지……

그 의사만이 아니다. 수시로 터져 나오는 고관대작들의 비윤리적 행태는 말할 것도 없고 나라를 뒤흔든 커다란 사건들 – 세월호 사건에서부터 국정농단 사태까지 – 을 돌아보면 그 모두가 각자의 본분을 망각하고 품격과 의무를 지키지 못한 것에서 비롯됨을 알 수 있다.

품격과 의무,
그리고 위대함에 대하여

자신의 본분을 다하는 것. 그것을 넘어 품격과 의무를 생각하면 떠오르는 사람들이 많다. 당신은 당신대로 생각나는 이가 있을 것이다. 내가 소개하고 싶은 첫 번째 인물은 제임스 밴 플리트James Alward Van Fleet 장군과 그 가족이다. 1915년 육군사관학교를 졸업한 밴 플리트 장군은 제2차 세계대전 때 미군의 보병 사단장으로 노르망디 상륙 작전에 참전하여 무공을 세웠고, 저 유명한 벌지 전투를 지휘한 장본인이다. 1951년 4월 제8군 사령관으로 우리의 6·25 전쟁에 참전하였으며, 1953년 육군 대장으로 퇴역한 전쟁 영웅이다.

밴 플리트 장군이 한국의 전쟁터에 있을 때 그의 외아들 지미 밴 플리트 중위는 한국행을 자원해 참전한다. 그리스에서 근무하다가 본국에 돌아와 있던 그는 해외 근무를 한 직후라 다시 해외에 나갈 자격이 없었지만 굳이 탄원서까지 써가며 한국 전선을 택했다. 그가 한국 전출을 명령받자 걱정하는 어머니에게 이런 요지의 편지를 썼다.

"사랑하는 어머니에게.
눈물이 이 편지를 적시지 않았으면 합니다. 아버님께서는 모든 사람

들이 두려움 없이 살 수 있는 권리를 향유할 수 있도록 싸우고 있으며, 저도 미력이나마 보탤 수 있게 됐습니다. 어머니, 저를 위하여 기도하지 마십시오. 그 대신에 조국의 부름을 받고 용감히 나선 나의 승무원들을 위해서 기도해주십시오."

이 한 장의 편지만으로도 젊음의 패기와 의연함, 그리고 품격에 가슴이 찡하다. 이국땅에서 전투를 치르던 그는 1952년 4월 4일 새벽 1시 5분, B-26기를 몰고 전북 군산비행장을 이륙한 뒤 압록강 남쪽 함경남도 순천 지역에 대한 폭격 임무를 수행하다가 새벽 3시 30분경 레이더에서 사라졌다.

즉시 수색 작전이 시작되고 아버지 밴 플리트 사령관에게 보고됐으나 사령관은 수색 작전을 중단할 것을 지시했다. 더 큰 희생이 있어서는 안 된다는 이유에서다. 아버지는 이후 전사자 가족에게 이런 편지를 보냈다.

"한국 전쟁에서 아들을 잃은 모든 부모가 저와 같은 심정이라고 믿습니다. 우리의 아들들은 나라에 대한 의무와 봉사를 했습니다. 벗을 위해 자신의 삶을 내놓는 사람보다 더 위대한 사람은 없습니다."

어떻게 일해야 하는지, 그리고 어떻게 살아야 하는지를 깊이 생각하게 해준다.

6.25 전쟁 당시 미군 장성의 아들로 참전한 사람은 밴 플리트만이 아니다. 제2차 세계대전의 영웅인 아이젠하워Dwight Eisenhower 원수(당시는 대통령 당선자 신분이었다)와 패튼George Smith Patton Jr. 장군, 그리고 첫번째 미8군 총사령관이었던 월턴 워커Harris Walton Walker 장군과 덜레스John Foster Dulles 당시 CIA 국장의 아들 등 무려 142명이나 됐다. 그중에 35명이 죽거나 실종됐거나 부상당했다.

얼마 전 KBS스페셜, 한국전 특집 〈장군과 아들〉에 이런 스토리가 소개되어 큰 감동을 주었다. 직업모럴이 무엇인지, 지도자들의 도덕적 품격과 의무-노블레스 오블리주가 어떠해야 하는지, 위대하고 품격 있는 삶이 어떤 것인지를 돌아보게 한다.

버큰헤이드호를
기억하자

직업인으로서의 본분과 의무, 즉 직업모럴과 관련
하여 마음의 중심을 잡게 해주는 유명한 말이 있다. "버큰헤이드호를
기억하라."가 그것이다. 이 말은 영국 사람들이 해상 재난을 당했을 때
선원과 승객들이 떠올리는 말이라고 한다. 그러나 꼭 영국 사람이 아
니라도 위기의 상황에서 어떻게 자신의 임무를 완수할 것인지를 판단
하는 데 유용한 기준이 된다. 이 말이 등장하게 된 스토리는 이렇다.

1852년 영국 해군의 수송선 버큰헤이드호는 사병들과 그 가족들을
태우고 남아프리카로 항해하고 있었다. 그런데 아프리카 남단 케이프
타운에서 약 65km 떨어진 해상에서 암초에 부딪쳤고 거센 파도에 밀
려서 배가 부서지는 사고를 당했다. 배는 서서히 침몰하고 있었다. 당
시 배에 타고 있던 사람은 모두 630명으로 그중에 130명이 어린이와
부녀자였다. 배에는 구명정이 세 척밖에 없었고 한 척당 수용 인원은
60명으로 180명만 구조할 수 있는 상황이다.

사태를 파악한 사령관(함장) 시드니 세튼Sydney Seton 대령은 모든 장
병들에게 갑판 위에 집합하도록 명령을 내렸다. 그리고 횃불을 밝혀
어린이와 부녀자들이 세 척의 구명정에 오르도록 하고, 장병들에게는

부동자세를 취하게 했다.

구명정에 옮겨 타 일단 생명을 건진 승객들은 갑판 위에 의연한 모습으로 서 있는 병사들을 바라보며 눈물을 흘렸다. 마침내 버큰헤이드호가 가라앉으면서 사령관과 병사들은 모두 물속으로 잠겨들었다. 배가 완전히 침몰하기 직전 "모두들 상의와 구두를 벗고 바다로 뛰어내려라. 그러나 누구든지 결코 구명정으로 가서는 안 된다."는 사령관의 명령이 장병들에게 떨어졌다. 그렇게 어린이와 부녀자를 뺀 436명이 목숨을 잃었다. 사령관의 명령이라는 것이 곧 죽음을 의미하는 것임을 잘 알면서도 모두 자신을 희생한 것이다.

'버큰헤이드호를 기억하라.'는 이 전통은 1912년, 호화여객선 타이태닉호가 침몰할 때도 선명히 드러났다. 영국 사우샘프턴을 출항해 미국 뉴욕으로 항해하던 도중 빙산과 충돌한 타이태닉호는 버큰헤이드호의 전통처럼 부녀자들을 먼저 구조했고, 2,200여 명의 승객과 승무원 중 705명만 살아남았지만, 에드워드 스미스Edward John Smith 선장은 끝까지 구조를 위해 애쓰다가 배와 함께 최후를 맞았다. 그러기에 항해에 책임이 있는 사고 선박의 선장이었지만, 에드워드 스미스의 고향 리치필드에는 그의 동상이 서 있다.

어떤가? 세월호 참사가 오버랩되지 않는가? 우리의 직업모럴이 어떤 수준인지 어렴풋이나마 떠오르지 않는가? 당신은 혼돈의 상황, 유혹의 상황, 위기의 상황에 처했을 때 어떤 것으로 마음의 중심을 잡을 것인가? 어떤 말을 기준으로 삼아 자신의 본분과 임무를 다할 것인가? 그것을 미리 준비해두자.

직업모럴·프로근성이란
이런 것

　　　　　　직업모럴을 다루면서 밴 플리트 장군이나 시드니 세튼 대령을 소개하니 주눅이 드시는가? 본분을 다하는 직업모럴, 프로의식이 당연히 그런 사람들에게서만 발견되는 것은 아니다. 평범한 직장인 중에서도 모범적 사례는 얼마든지 발견할 수 있다. 그중의 한 사람이 버지니아 아주엘라Virginia Azuela다. 이미 잘 알려져 있는 그녀를 소개하는 이유는 남들이 하찮게 여기는 직업을 갖고도 세계적인 경영평론가 톰 피터스Tom Peters에 의해 가장 전형적인 지식인의 한 사람으로 꼽혔기 때문이다.

　　미국 샌프란시스코의 리츠칼튼 호텔 청소부였던 그녀는 필리핀 태생으로서 1974년 당시 27세의 꽃다운 나이에 아메리칸 드림을 꿈꾸며 미국으로 건너왔다. 그녀의 최종 학력은 고등학교 졸업. 그런 그녀가 이국땅에서 선택할 수 있는 직업은 극히 제한적일 수밖에 없었다.

　　미국에서의 첫 일자리는 홀리데이인 호텔의 청소부였고 몇몇 호텔을 전전하다가 리츠칼튼 호텔이 문을 열면서 그곳으로 옮겼다. 1991년 4월이다.

　　여느 청소부와 다를 바 없이 평범했던 그녀는 리츠칼튼 호텔에 들

어간 후, 고객만족을 위한 총괄품질경영Total Quality Management에 관한 교육을 받았는데 이것으로 인해 인생의 결정적 전기를 맞는다.

대부분의 동료 청소부들은 "청소 따위의 허드렛일을 하는 우리에게 무슨 놈의 고객만족이며 품질경영이냐."고 거부 반응을 보이는 등 불평이 많았다. 그러나 그녀는 달랐다. 자신이 하는 일을 품질경영에 대입해보고 자신의 일이 단순히 몸으로만 때우는 허드렛일이 아님을 깨달았다. 호텔에 대한 고객의 만족 여부는 오히려 객실 서비스에 의해 좌우된다는 신념을 가졌고, 그러므로 자신이 하는 객실 서비스야말로 고객만족과 호텔의 이미지를 결정짓는 가장 중요한 업무라고 규정하였다. 이를테면 나름대로의 잡 크래프팅을 한 셈이다. 잡 크래프팅이라는 용어는 몰랐을 테지만.

그녀는 객실을 청소하면서 언제나 '고객만족 제일'이라는 총괄품질경영의 구호를 떠올렸다. 작업을 하면서도 늘 어떻게 하면 고객을 더욱 만족시킬 수 있는지 깊이 생각하였다. 깊이 궁리하고 실천하였다.

청소 도구와 비품을 담은 카트에 작은 메모 수첩을 걸어두고 수첩에 고객의 이름과 특성, 습관, 그리고 무엇을 원하는지 일목요연하게 꼼꼼히 기록하고 그에 따라 고객별 맞춤 서비스를 하였다.

예컨대 수건을 많이 쓰는 고객, 비품의 위치를 바꿔주기를 원하는 고객, 특정한 신문을 원하는 고객 등등. 고객의 취향과 특성에 따라 최적의 서비스를 제공하는 것이다. 또한 고객을 대할 때는 반드시 이름을 불러줌으로써 고객을 감동시켰다. 우리나라 식으로 말한다면 "김○○ 사장님!" "박○○ 선생님!" 정도가 될 것이다.

그뿐만 아니라, 청소 작업의 생산성을 높이기 위해 베드 메이킹(침대보 정리)의 방법이라든가 욕실 청소의 작업 방법도 개선했다. 원래 객실 청소 중에서 가장 손이 많이 가는 작업이 베드 메이킹이다. 대개 침대보를 깔기 위해서는 적어도 대여섯 번 침대 주위를 오가야 하는 수고를 해야 한다. 리츠칼튼 호텔은 베드 메이킹 작업의 과학적인 동작 연구와 실험을 통해 2인 1조의 청소 작업이 가장 효율적이라는 결론을 내리고 그대로 시행하고 있던 터였다. 하지만 아주엘라는 한발 더 나아갔다.

세탁된 침대보를 아예 침대 사이즈에 맞춰서 침대보를 까는 역순으로 접어두게 되면 작업 속도를 더 높일 수 있음을 알아냈다. 그녀는 또 객실 청소에서 발견된 각종 문제점과 그 해결 과정이 매니저를 거치기 때문에 더디게 이뤄지고 있는 점을 발견하였다. 종전의 시스템에서는 문제가 해결될 때까지 고객 불만이 계속됨으로써 고객 만족이 실종될 수 있었다. 바로 이런 점에 착안, 그녀는 '문제 발견→ 즉시 해결→사후 보고'의 과정으로 체계를 바꾸었다. 그런 식으로 호텔의 업무 체계와 서비스 방법을 획기적으로 바꿔나갔다.

그녀는 자신이 개선해낸 서비스 방법을 혼자서만 실천에 옮긴 것이 아니다. 매일 이뤄지는 라인업 미팅에서 발표하여 모든 직원들이 공유할 수 있도록 하였다. 드디어 리츠칼튼 호텔은 높은 생산성과 최상의 서비스 품질로 미국의 권위 있는 생산성 및 품질 대상인 '말콤 볼드리지 대상'을 수상하게 되었고 그 공로를 인정받아 그녀는 호텔 직원에게 주어지는 가장 영예로운 파이브 스타Five Star 상을 받았다. (나의 책

《1인 혁명가가 되라》중에서.)

아주 엘라가 보여준 것이 바로 직업모럴이요 프로근성이며 직장인의 윤리다. 직업이 무엇이든지, 무슨 일을 하든지 간에, 중요한 것은 '어떻게' 하느냐에 있음을 배울 수 있다.

직업모럴의 바로미터
- 친절

버지니아 아주엘라의 고객만족에 대한 이야기가 나온 김에 이 부분 - 특히 친절과 직업모럴에 대하여 다루어봐야겠다. 고객만족은 거의 모든 직장의 공통된 목표요, 친절은 거의 모든 사람들의 공통된 행동 덕목이기 때문이다. 감정 노동자들의 입장에서는 친절에 대하여 무의식적으로 반감을 가질 수 있다. 자신도 모르게 신경질적인 반응이 나올 수 있다. 친절에 질려버린 것이다. 워낙 질 나쁜 고객들 때문에 감정 노동자는 거의 극한 직업의 반열에 오를 정도가 됐으니까 말이다. 그럼에도 불구하고 직업모럴과 윤리를 다룸에 있어 친절을 빼놓을 수는 없다. 친절의 가치와 의미가 의외로 크기 때문이다.

친절에 대하여 강조한 사람은 많고도 많다. 영국의 소설가 헨리 제임스Henry James는 "사람의 삶에서 중요한 것이 세 가지 있다. 첫째는 친절이고, 둘째 셋째도 친절"이라고 했고, 과학자 아인슈타인Albert Einstein은 인도의 시성 타고르Rabindranath Tagore를 독일에서 만났을 때 "이제껏 나의 길을 밝혀주고 내가 계속해서 삶을 기쁘게 대면할 수 있는 새로운 용기를 준 세 가지 이상理想은 '친절과 아름다움과 진리'였다."고 고

백할 정도로 친절을 강조했다. 그리고 무소유를 강조했던 우리의 법정法頂 스님은 "이 세상에서 가장 위대한 종교는 불교도, 기독교도, 유대교도, 힌두교도 아니고 친절"이라고 설법하였다.

또한 존스홉킨스 대학에서 이탈리아 문학을 가르치는 포르니P.M. Forni 교수는 자기가 선생으로서 성공했는지 여부를 자기가 가르친 학생들이 얼마나 친절한지에 두고 있을 정도다. 그는 이탈리아의 위대한 시인인 단테Alighieri Dante의《신곡》을 주제로 강의하다가 깨달은 사실을 이렇게 말하고 있다.

"학생들이 아무리 단테를 잘 배운다고 해도 밖에 나가서 버스에 탄 할머니에게 불친절하게 대하면 나는 선생으로서 실패했다고 느끼게 될 것이다."(톰 피터스,《리틀 빅 씽》, 최은수·황미리 옮김, 더난출판사, 2010). 바람직한 인간이 되기 위해 고전을 읽어라 인문학을 익혀라 하지만, 그것 이상으로 중요한 게 타인에 대한 배려, 친절이라는 말이다.

반면에 마틴 셀리그만Martin Seligman은 심리학자답게 여러 실험과 조사를 통하여 타인에 대한 친절의 가치가 매우 크다는 것을 입증했다. 친구와 어울리기, 영화 관람, 초콜릿 먹기 따위의 즐거운 활동을 한 뒤의 느낌보다도 친절한 행동이 더 강렬한 여운을 남긴다고 했다. 즉 친절한 행위는 쾌락과는 다른 희열감을 준다는 것이다. 자발적으로 남을 도와주면 온종일 기분이 좋아지며, 친절을 베풀 때 그 일에 푹 빠져 자아마저 망각할 정도가 된다는 것이다(마틴 셀리그만,《긍정심리학》, 김인자 옮김, 물푸레, 2011).

이들은 성숙한 인격, 인간적 도리로서의 친절을 강조했지만, 직업과 관련해서 말한다면 친절은 직업의식과 모럴의 핵심이라 할 수도 있다. 곰곰이 생각할수록 친절은 그가 얼마나 직업의식이 투철한가를 보여주는 바로미터라는 생각이 든다. 또한 남에게 친절하다는 것은 그 사람의 인간성을 보여주는 것임과 동시에 자신을 얼마나 잘 통제하고 있는가를 나타내기도 한다. 특히 친절은 부정부패와 관련성이 있다. 남을 세심히 배려하는 친절한 사람이라면 부정과 부패가 비집고 들어갈 여지가 적기 때문이다. 거꾸로, 비윤리적이고 부정부패하다면 그는 이미 친절한 사람은 아니라는 의미가 된다. 친절이야말로 최고의 직업모럴이요 윤리라 할 수 있다. 다음의 사례로 설명에 대신하겠다.

어느 경찰관의 경우

2011년 9월 27일. 2주간의 휴가를 한국에서 보내기로 한 독일인 대니얼 부부는 강릉을 관광한 후 하회탈 축제를 보기 위해 경북 안동으로 가려고 했다. 아침 6시경, 강릉 고속버스 터미널 앞에서 강릉역까지 택시를 탄 부부는 택시에서 내려 강릉역으로 걸어가다가 "아차!" 했다. 택시에 카메라를 놓고 내린 것이다. 카메라에는 지난 1년간 찍은 사진과 휴가 동안 우리나라를 여행하면서 찍은 사진이 모두 들어 있었다. 얼마나 당황했을까? 말도 잘 통하지 않고 지리도 낯설고 말이다.

부부는 강릉역 근처에 있는 강릉경찰서 중부지구대를 찾아 도움을 청했다. 솔직히 큰 기대는 하지 않았을 것이다. 세계를 여행해본 사람이기에 더 잘 알 것이다. 낯선 여행지에서 택시에 놓고 내린 물건을 찾는다는 것이 얼마나 어려운지를. 더구나 며칠 후면 한국을 떠나야 하는 그들로서는 참으로 난감한 심정이었을 것이다.

부부는 중부지구대에서 박 모 경장을 만났다. 그는 밤샘 근무를 끝내고 퇴근을 준비하고 있던 터였다. 그러나 부부의 딱한 사정을 들은 그는 퇴근을 미루고 물건 찾기에 나섰다.

박 경장은 부부가 택시를 탔던 터미널과 도착지였던 강릉역 주변의 택시 기사들과 관내 택시 회사를 일일이 수소문하였다. 그리하여 택시 차량 번호의 두 숫자를 알아냈고, 비슷한 번호의 택시 30여 대를 선별해 일일이 전화를 걸어 확인한 끝에 한 택시 기사로 범위가 좁혀졌다. 그러고는 그 기사가 거주하는 아파트까지 찾아가 택시 뒷좌석에 놓여 있는 카메라 가방을 발견하여 카메라를 돌려주는 데 성공했다.

상상해보라. 낯설고 언어도 잘 통하지 않는 외지에서 애지중지하는 물건을 잃고 발을 구르고 있을 때, 자신의 일처럼, 그리고 경찰관답게 수사하듯이 행방을 쫓아 4시간 만에 카메라를 들고 나타나는 동양의 한 경찰관을 바라보는 상황을 말이다. 더욱이 박 경장은 안도의 한숨을 쉬며 안동행 기차에 몸을 싣는 독일인 부부에게 간단한 음료와 간식까지 챙겨주었단다. 박 경장은 "경찰이라면 누구나 그렇게 했을 것"이라며 겸손하게 말했지만 이게 어디 쉬운 일인가?

그들 부부는 귀국 후 강원지방경찰청 홈페이지에 〈Thanks to police station in Gangneung〉이란 제목으로 "세계 어느 나라의 경찰도 할 수 없는 매우 친절하고 적극적이며 겸손한 강릉경찰서 박○○ 경장을 비롯한 한국 경찰에 감사의 마음을 전한다."는 글을 남겼다.

그러고는 몇 달이 지나고 해가 바뀐 2012년 1월 3일 강릉경찰서 중부지구대에 국제 소포 하나가 배달됐다. 소포 속에는 '사랑하는 강릉 경찰서 직원 여러분'으로 시작하는 한글 및 영문 편지 2통과 독일의 지역 특산물인 초콜릿과 커피, 독일 라이프치히 관광 안내 책자 2권 등이 담겨 있었다. 발신인은 다름 아닌 대니얼 부부였다. 새해를 맞아 인사 편지와 함께 선물을 보낸 것이다.

부부는 편지에서 "경찰 직원 여러분의 봉사정신과 친절함은 정말 감동적이었습니다. 그래서 저희는 또다시 한국으로 여행할 것을 생각하고 있습니다. 한국은 멋진 문화와 친절한 사람들이 있는 곳이라고 생각합니다."라며 고마움을 전했다(강원일보, 2016. 1. 6.).

이런 사례를 통해 우리는 직장인으로서 '내가 왜 그곳에 있어야 하는지'를 새삼 생각해볼 수 있다. 친절이라고 하면 우리는 고객을 상대할 때 보여주는 서비스 차원의 '목적성 친절'을 떠올린다. 직무상 어쩔 수 없이 울며 겨자 먹기로 하는 친절 말이다. 친절은 그렇게 낮은 차원의 것이 아니다. 좋은 인간성의 발로라 할 수 있다. 이쯤 되면 친절은 윤리니 직업모럴이니 하는 차원을 훌쩍 넘어 인간에 대한 깊은 사랑에 이르는 것임을 깨닫게 된다.

직업모럴과
프로페셔널

직업모럴이란 곧 직업의식이요 프로근성이다. 프로근성을 가리켜 장인정신이라고 하기도 한다. 우리 민족은 예부터 어떤 직업에 전념하거나 한 가지 기술을 익혀 그 일에 정통한 사람을 '장이'라고 하였는데, 이것은 우리 민족의 정신 속에 내면화되어 있는 철저한 장인정신과 직업윤리의 한 표현이다. 그러나 언제부터인가 장이는 천시되고 그 정신은 퇴색하였다.

그러나 자기의 직업과 일에 전력을 다해 최고의 전문가가 되고 그것에 삶의 승부를 거는 장인정신을 갖는 것은 시대를 넘어 매우 중요하다. 그것이 직업모럴과 윤리가 강조되는 오늘을 사는 지혜임에 틀림없으니까.

오늘날 장인정신을 다룰 때 안타깝게도 일본인을 모델로 삼는 경우가 많다. 일본에서는 장인이라는 말보다 직인職人이라는 말을 주로 쓰는데, 고집스러울 정도로 전통을 이어가며 철두철미한 프로페셔널을 지향하는 것이 그들의 직인정신이다.

잘 알다시피 일본에는 작은 우동 가게에서부터 스시집, 그리고 제법 큰 공장이나 기업에 이르기까지 몇 대에 걸쳐 최고의 경지를 이어

오는 노포老鋪들이 많다. 말 그대로 직인정신의 산물이요, 그런 전통을 통해 직인정신이 강화된다. 이를테면 선순환의 사이클을 타는 것이다.

그런데 우리는 어떤가? 전통보다는 새것을 찾으며, 조금만 시원찮은(?) 직업이라 생각하면 스스로 주눅이 든다. 기회만 있으면 관직으로 나가려 한다. 요즘의 젊은이들이 공무원이 되는 것을 최고의 소망으로 삼는 것에서 우리의 얄팍한 직업의식을 엿볼 수 있다.

그러니 그것에서 무슨 프로근성이 나올 것인가? 혹시 갑질을 부러워하거나 목에 힘주는 것을 즐기려는 성향은 아닐까? 물론 그런 성향을 탓할 수만은 없다. 오히려 우리 사회의 풍토와 문화에 더 큰 책임이 있을 것이다.

1950년, 삼성의 창업주 이병철 회장은 일본의 경제 시찰을 위해 도쿄를 방문했다. 어느 날 저녁 가로등도 없는 도쿄 아카사카의 뒷길을 걷다가 길가에 있는 이발소에 들어갔다. 지금은 도쿄 제일의 유흥가가 됐지만 그때만 해도 변두리였다. 일본이 패전한 직후였으니 상황을 짐작할 수 있을 것이다.

허름한 이발소 입구에는 '모리타森田'라는 작은 간판이 붙어 있었다. 이발을 하던 이 회장은 가위질을 하고 있는 40세 전후의 주인에게 말을 건넸다.

"이발 일은 언제부터 시작했소?"

"제가 3대째니까, 가업이 된 지 이럭저럭 70년쯤 되나 봅니다. 자식 놈이 계속 이어주었으면 합니다만……."

그 투철한 직업의식에 감명을 받은 이 회장은 《호암자전》에 다음과 같이 적었다.

"특별한 뜻이 없는 잡담이었지만 예사말로 들리지 않았다. 패전으로 완전히 좌절되어 있어야 할 일본인인데 참으로 담담하게 대를 이은 외길을 살아가고 있다. 그 투철한 직업의식에 놀랐다. 직업의 귀천을 가리지 않고 무슨 일이든 대를 이어 그것을 계승하고 기술을 전승한다. 몇 대를 이어 같은 일에 종사하므로 자연히 기술도 축적되고 개발되기 마련이다."

일본 기업들의 장인정신을 눈으로 확인한 이 회장은 일본의 직인정신을 평생의 사업 신념 중 하나로 삼았다고 한다. 한 가지 일에 목숨을 걸고 그 분야에서 최고를 이뤄야 한다는 것이다.

도쿄에서 돌아온 호암은 1954년 제일모직을 설립하면서 품질경영을 모토로 삼았다.

실제 이 이발소는 1878년 개업했고, 이 회장이 만났던 네 살 연하의 3대 이발사는 수년 전 타계하고, 그의 희망대로 아들인 모리타 야스히로 씨가 4대째 이발소를 경영하고 있단다. 137년 동안 가업이 이어지고 있는 것이다.

얼마 전 그 이발소를 찾은 우리나라의 기자에게 야스히로 씨가 말했다.

"저는 학창 시절부터 아버지가 이발하는 모습을 봐왔고 '내가 이 일을 이어받을 것'이라고 다짐했습니다. 전통은 참으로 아름다운 것입니다. 이런 전통이 기술을 낳고 발전을 이룹니다. 이발하는 일이 뭐 그리 대단하다고 가업을 잇느냐는 얘기도 있겠지만 저는 그렇게 생각하지 않습니다."

깊이 음미해볼 장인정신이요 프로페셔널이다. 이것이 우리가 배워야 할 직업모럴이다.

달인에게서 배우는 직업모럴

오늘날 우리 사회에서 장인정신의 모델을 찾으라면 나는 '달인'을 꼽겠다. 내가 TV프로그램 중에 즐겨보는 것이 〈생활의 달인〉이다. 각양각색의 주인공들을 보면서 열정을 배우고 근성을 배우며 영감을 얻고 용기를 얻는다. 때로는 직업정신과 모럴, 프로의식이 무엇인지도 깨닫는다. 또한 등장하는 주인공이 거의 대부분 보통 사람들이기에 '저 사람이 했다면 나도 할 수 있다.'는 자신감을 갖기도 한다.

그동안 방영된 수많은 달인에는 정말이지 별별 달인이 다 있다. 그중에서 한 사람만 소개하겠다. 2016년 7월 25일에 방영된 메밀 막국수의 달인 민성훈 씨다. 왜 막국수 달인을 대표선수로 꼽냐고? 팔은 안으로 굽는다고, 내 고향이 춘천이고 막국수라면 역시 춘천이니까.

주인공은 서울 종로구 통인동의 조그만 건물 지하에서 〈잘빠진 메밀〉이라는 상호로 물막국수, 비빔막국수을 만드는 젊은이다. 서른을 갓 넘긴(32세) 앳된 모습의 그가 보여주는 달인의 현장은 한마디로 기똥찼다.

메밀면의 반죽부터 달랐다. 물을 부어 반죽하는 게 아니라 메밀가루로 쑨 메밀풀을 이용해 반죽을 하였고, 반죽된 것에 랩을 씌워 계속

두들김으로써 달인만의 비법으로 쫄깃한 식감과 찰기를 더했다.

비빔 양념장을 만들 때도 고춧가루, 갈은 양파, 대파를 섞어서 기본 양념장을 만든 후, 잘 숙성시킨 돼지 목살을 잘게 갈아 섞고, 그것에 푹 삶은 팥물, 조청을 넣어 3일 동안 숙성시킴으로써 깊은 맛이 나는 수제장을 만들었다. 돼지 목살도 된장에 막걸리를 붓고 목살을 넣어 숙성시키는데 '웬 막걸리까지?'인가 싶을 정도로 기막힌 방법을 동원한다.

사골 육수를 만들 때도 오가피와 메밀을 끓여 사골에 부은 후 간장을 첨가해 진한 맛이 나게 하는데 처음부터 간장으로 사골을 끓이지 않고 줄어든 물 양만큼 간장을 부어주어 자극적인 짠맛을 줄이고 구수한 맛을 내게 하며, 여기에 마지막으로 월계수 잎을 넣어서 향을 더했다.

조리 과정을 상세히 중계하는 이유가 있다. 당신도 막국수를 만들어보라는 게 아니다. 프로의 자세, 프로의 직업의식이 어떤지를 보여주기 위해서다. 그리고 저 기막힌 방법을 어떻게 배웠는지 궁금해서다. 어떻게 저런 비법을 창조했을까? 참으로 신통방통했다. 막국수지만 '막된 국수'가 아니라 '막강한 국수'였으니까. 그가 스스로 밝힌 스토리는 이렇다.

강원도 양양에서 장교로 군 생활을 한 그는 원래 막국수라는 음식의 존재조차 몰랐단다. 그러다 군 복무를 하며 처음 막국수를 먹어본 후 그 맛에 반해서 '이거라면 서울에서 장사가 되겠다.'고 생각했고, 제대 후 3개월을 끈질기게 쫓아다니며 비법을 가르쳐달라고 졸랐다. 그러나 누가 쉽사리 가르쳐주겠는가? 그렇다고 물러설 그가 아니다.

텐트까지 쳐놓고 쫓아다니며 간청했고, 그에 감복한 막국수집 주인이 결국 노하우를 전수해줬다.

"계속 졸라대는데 어떻게 안 가르쳐줄 수가 있나요."

양양 막국수집 아주머니의 언급이 재미있다.

그러나 민성훈 달인은 비법을 전수받은 것에 그치지 않고, 끊임없이 비법 노트를 작성해가며 매일매일 달라지는 맛을 맞추는 데 주력하여 오늘에 이른다. 하나를 보면 열을 안다고 그의 앞날이 어떨지 미루어 짐작할 수 있다.

우리는 그를 통해 여러 가지를 배운다. 장교로 근무했던 그가 샐러리맨을 하지 않고 창업에 도전한 것이며, 흔하디 흔한 막국수를 사업 아이템으로 잡았지만 최고의 막국수를 만들기 위해 끈질기게 노력함으로써 독창적인 노하우로 달인의 지위에 오른 것이며, 또한 그가 보여준 직업모럴과 직업윤리, 프로근성 등등을 말이다.

요즘 얼렁뚱땅 한탕으로 대박만을 추구하는 사람들이나, 또는 자리의 힘을 이용하여 부정과 비리를 저지르는 권력자들을 보면서 민성훈 달인의 훌륭함을 칭송하고 싶다. 하는 일이 무엇이든, 자리와 직업이 무엇이든, 각자 자기의 위치에서 어떻게 하면 '깨끗하게' '최고'가 될 것인지, 직업모럴를 생각해보는 계기가 될 수 있을 것이다.

달인에게서 배우는 다섯 가지

그럼 생활의 달인에게서 배울 직업모럴, 프로근성을 구체적으로 따져보자. 나는 다섯 가지를 꼽겠다.

첫째, 자기 직업에 대한 긍지, 자부심이다. 솔직히 말해 생활의 달인들은 직업이 대개 그렇고 그렇다. 고시를 패스하여 거창한 회전의자에서 거들먹거리며 폼 잡는 사람들이 아니다. 3D업종에 해당되는 경우도 많다. 그럼에도 그들은 자신의 직업에 긍지를 갖고 있으며 자부심이 대단하다는 사실이다.

둘째, 긍정성이다. 설령 땀 흘려 일하는 궂은일을 하더라도 그것에서 보람을 찾고 스스로 재미를 만들어낸다. 일과 인생에 긍정적이다. 좋지 않은 환경에서 일하면서도 표정이 밝다. 고생을 하면서도 즐거이 한다. 이 점이 참 중요하다.

셋째, 그들은 사소한 일에도 최선을 다한다. 열정을 갖고 남들과 다르게 한다. 반복을 통해 고수의 경지에 도달하도록 노력한다.

넷째, 그들은 항상 연구하고 공부하며 창의적으로 일한다. 앞의 막국수 달인에서 보았듯이 그런 프로그램을 볼 때마다 감탄하는 것은 '어떻게 저런 방식을 생각해냈지.'라는 생각이 들 정도로 자신의 독특한 영역을 개척해낸다.

다섯째, 그리하여 최고의 경지, 달인의 경지에 오른다는 것이다. 그 과정에서 그들이 보여주는 인내와 끈기를 배운다.

그들은 자신의 직업을 통해 남들에게 영감을 주고 감탄을 주며 즐거움을 준다. 남을 해치지 않는다. 한마디로 위대한 거다. 이 직업모럴, 아니 그들은 직업모럴이니 윤리니 하는 거창한 것을 아예 염두에 두지도 않을 것이다. 그저 온몸으로 부딪치며 그것을 구현하는 것이다. 그야말로 진정한 프로페셔널이다. 이름하여 달인정신이라 할 수 있겠다.

프로페셔널이 되는 핵심
- 집념과 끈기

"끈기는 중요한 성공요소이다. 문 앞에서 오랫동안 세계 문을 두드린다면 틀림없이 누군가를 깨울 수 있을 것이다." 헨리 워즈워드 롱펠로Henry Wadsworth Longfellow의 말이다. 롱펠로만이 아니다. 우리가 익히 잘 알고 있는 성공학자나 선각자들 - 나폴레옹 힐Napoleon Hill, 칼빈 쿨리지Calvin Coolidge, 토마스 헉슬리Thomas Huxley, 에드가 게스트Edgar Guest - 대부분이 성공의 가장 중요한 요소는 끈기Persistence, Perseverance라고 했다.

끈기란 '쉽게 단념하지 아니하고 끈질기게 견디어 나가는 기운'을 말한다. 집념과 꾸준함이다. 목표를 이룰 때까지 집념을 갖고 끈질기게 버티는 것이다. 사람들은 성공한 사람을 가리켜 타고난 재능을 언급하는 수가 많지만, 그 이면에 사생결단하듯 끈질기게 노력한 것을 간과하는 수가 많다. 오히려 아무리 재능이 뛰어나더라도 끈기가 없으면 그 재능을 다 발휘하지 못한다. 꿈꾸던 목표를 달성하기 어렵다. 어떤 면에서 직업모럴이나 프로근성이란 끈기의 다른 표현일 수도 있다.

약 1만 번의 실패를 극복한 발명왕 에디슨,

8년에 걸쳐 〈최후의 심판〉을 완성한 미켈란젤로,

〈최후의 만찬〉에 10년을 바친 레오나르도 다 빈치,
《미국의 역사》를 저술하는 데 26년을 쏟은 조지 반크로프트,
36년을 바쳐 《웹스터 사전》을 제작한 노아 웹스터,
《노인과 바다》 원고를 80번이나 퇴고한 헤밍웨이 등등.

세상에 이름을 알린 수많은 천재들은 사실 그 이면의 집념과 끈기를 보여주고 있는 것이다. 앞에서 언급했던 달인과 장인들-프로페셔널도 결국은 끈기로 그것을 이뤄냈다. 끈기에 대하여 캘빈 쿨리지Calvin Coolidge 가 참 좋은 말을 했다.

"세상의 어느 것도 끈기를 대신할 수 없다.
재능도 아니다. 재능을 가지고도 성공하지 못한 사람이 얼마나 많은가.
천재성도 아니다. 버림받은 천재성이란 말은 널리 알려져 있다.
교육도 아니다. 세상은 교육받은 낙오자로 가득 차 있다.
끈기와 결단력만이 무엇이든 해결한다."

프로는 포기를 모른다

리어나도 디캐프리오Leonardo DiCaprio. 이제 마흔 살을 갓 넘긴 젊은이다. 2016년 그가 아카데미상을 타자 4전 5기 운운하며 세계가 떠들썩했다. 20대 초에 이미 아카데미 남우조연상 후보에 올랐고, 그 후 22년 동안 여러 번의 수상 기회가 있었지만 마지막에 빗나가며 수상을 못했기 때문이다. 그의 영화나 명성을 익히 잘 알고 있는 사람들은 오래전에 이미 아카데미 주연상을 받았을 것으로 생각할 것이다. 그가 최

신작 〈레버넌트 : 죽음에서 돌아온 자〉로 다시 돌아와 아카데미상을 거머쥐자 모두들 기립 박수로 축하했다.

〈레버넌트〉는 나도 봤는데 스토리는 좀 지루하다는 느낌이 들 정도로 단순(?)했지만 디카프리오의 연기는 처절할 정도였다. 곰에게 갈가리 찢기는 연기며, 그가 원래 채식주의자면서도 연기를 위해 들소의 생간을 뜯어 먹는 장면, 추위에 살아남기 위해 죽은 말의 배를 갈라 창자를 꺼낸 뒤 벌거벗은 채 그 배 속에 들어가서 잠을 청하는 장면, 그리고 영화 내내 쉴 새 없이 눈에 뒹굴고 얼음물에 빠지는 것을 보면서 '저게 모두 컴퓨터 그래픽이거니'하면서 봤는데 실제로 그렇게 연기했단다. 프로로서의 그 의지와 집념에 머리를 숙인다.

특히 이 젊은이에게 찬사를 보내는 것은 "아카데미상을 받기 위해 애쓰는 배우"라고 놀림을 받으면서도 흥행용 블록버스터 등을 사양하고 '예술로서의 영화'에 전력투구했다는 점이다. 나름의 신념과 진정성이 뒷받침된 끈질긴 노력-집념과 끈기가 오늘의 그를 만든 것이다.

디카프리오의 집념과 끈기를 보면서 머리에 떠오른 또 한 사람의 영화배우가 있다. 영화 〈록키〉로 유명한 근육질의 남자 실베스터 스탤론 Sylvester Stallone이다. 그는 의료 사고로 인해 배우로서는 치명적인 언어 장애와 안면 신경 마비의 장애를 가졌음에도 끈질긴 노력으로 할리우드의 대표적인 배우의 반열에 올랐다.

〈록키〉에 "머리가 나쁜 새끼니까 몸이라도 단련하라."는 대사가 나오는데, 이건 실베스터 자신이 시험에 낙방했을 때 아버지에게 두들겨 맞으면서 실제로 들었던 말이라고 한다. 스위스의 명문 로잔 아메리카를 체육 특기생으로 졸업하고 미국의 마이애미 대학에서 연기를 공부하다가 할리우드에 입성했으나 언어장애 등으로 엑스트라에 만족해야 했던 그다.

그러다 훗날 그는 우회전술을 쓰기로 작심하고 시나리오를 쓰기 시작한다. 시나리오가 채택되면 그 주인공이 되는 조건으로 거래를 할 작정이었다. 그리고 1년 후, 그는 완성된 시나리오를 들고 감독들을 찾아다녔지만 시나리오를 마음에 들어 하는 감독은 있어도 그를 주인공으로 기용하려는 감독은 없었다. 그러나 그는 끈기 있게 도전했고 무려 1,500번을 거절당한다(어떤 자료에는 1,855번의 거절이라고 나온다. 하여튼 '엄청난 거절'이라는 의미일 것이다). 이 정도면 한 사람의 자신감과 열정을 모두 앗아가 포기하기에 충분한 실패의 경험이지만, 그는 여전히 포기하지 않았고, 현실을 원망하는 대신 자신에게 말했다.

"괜찮아. 다음번까지만 버티자. 난 분명히 성공할 수 있어."

그리고 드디어 1,501번째의 시도 끝에 기회가 온다. 이미 그를 20여 차례나 거절했던 감독의 마음을 움직이는 데 성공한 것이다. 그 감독이 말했다. "당신이 연기를 잘하는지 못하는지는 모르지만 당신의 그 정신이 마음에 든다. 기회를 한번 주겠다. 단, 시나리오를 연속극으로 각색할 생각인데 일단 한 편을 촬영해보고 계속해서 주연을 맡길지는 향후 반응을 보고 다시 결정하도록 하겠다."라고. 그렇게 방송된 그의 작품은 당시 미국 최고의 시청률을 기록하였고, 그로부터 그는 세계적 스타로 발돋움을 하게 된다. 그의 사례는 하버드 대학생들에게 자주 소개된다고 한다. "버텨라, 성공은 끈기에 달려 있다."는 주제로 말이다.

《어떻게 인생을 살 것인가 : 하버드대 인생학 명강의》에서 저자 쑤린 (원녕경 옮김, 다연 출판사, 2015)은 위의 이야기를 소개하면서 이렇게 결론 내렸다.

"성공하기까지는 항상 시간이 걸린다. 그러므로 그 시간을 견뎌내는 끈기가 필요하다."

하버드생은 괜히 하버드생이 아니다. 머리가 좋아서 성공하는 것이 아니다. 머리 좋은 그들에게 끊임없이 강조하여 교육시키는 것이 끈기라는 것이다. 성공의 열쇠는 끈기라고 말이다.

서양 사람만 끈기를 강조한 것은 당연히 아니다. 아시아계로는 최초로 미국 아이비리그 명문 다트머스대 총장을 역임하고 국제부흥개발은행의 톱에 오른 김용 총재. '코리안의 신화'로 글로벌 리더로 자리매김한 그가 얼마 전인 2013년 12월 3일 우리나라에 와서 청소년들에게 성공 비법을 들려줬다. "한국말 중에 이런 게 있지요? '하면 된다.' '열 번 찍어 안 넘어가는 나무 없다.'라는 말. '어렵다, 힘들다, 안 된다.'며 목표가 없는 사람들에게 설득되지 마세요. 우리는 불가능과 싸워야 합니다."

그는 글로벌 리더가 되기 위한 네 가지 키워드를 제시했다. 즐김Play, 목표Purpose, 열정Passion, 끈기Persistence다. 김용 총재는 그중에서 가장 어려운 것이 바로 끈기라고 했다. 뒤집어 말하면 가장 중요한 것이란 뜻이다.

"사람의 지능은 평생토록 변하지 않지만, 끈기는 노력에 따라 드라마틱하게 변합니다. 끈기는 성공의 키워드 중 가장 어려운 것이에요. 하지만 그만큼 가치 있고, 성공의 가장 큰 요소입니다."(우먼센스, 2014. 1월호). 그의 결론이다.

요즘 청춘도 힘들고 중년도 힘들며 노년도 힘들다. 솔직히 말해 힘들지 않은 때가 언제 있겠는가. 특히 젊은이들에게 강조하고 싶다. 쉽게 포기하지 말라고. 끈질기게 노력하라고. 그러면 또 "노오력!"이라며 비아냥거리는 사람도 있을지 모르겠다. '비아냥'과 '부정'이야말로 파괴적이다. 모럴이나 윤리를 부정하는 행위다. 프로의식과도 멀다.

직업정신은 끈기와 관계가 있다. 끈질긴 노력이 프로의 세계로 당신을 인도할 것이다. 언제까지 끈질기게 노력해야 하냐고? 성공할 때까지 하는 것이 끈기다.

우리는 흔히 성공하려면, 한 분야의 달인이 되려면, 1만 시간은 투입해야 한다고 말한다. 소위 '1만 시간의 법칙'이다. 그러나 기억하라. 1만 시간이란 결코 시간의 문제가 아니다. 그것은 곧 끈기의 문제다.

성공사례의 함정

이름 있는 잡지의 여성 편집장이 내게 말했다. "요즘은 유명 인사를 인터뷰하여 잡지에 올리는 게 겁납니다."

"왜요?"

"멘토가 될 만하고 롤모델이 될 만하여 잡지에 소개하고 난 후, 얼마 지나지 않아 검찰에 출두하는 모습을 보게 될까봐서요."

박장대소하며 동의했다. 정말 그렇다. 지금까지 여러 권의 책을 쓰면서 많은 사례를 인용하였다. 대부분이 성공 사례다. 그런데 언제부터인가 그런 사례 인용에 상당한 위험성이 있음을 알게 된 것이다. 인용할 때는 참 좋은 모범 사례였는데 얼마 지나지 않아 그 사람이 몰락하는 경우가 많기 때문이다.

이런 경우도 있었다. 내가 글쓰기에 관한 책을 내면서 배울 만한 문체의 모델로 유명 언론인을 선정하여 소개한 적이 있다. 얼마 후, 그가 승승장구하면서 더욱 두각을 나타내기에 '내가 선견지명이 있었나 보다.'고 으쓱해 했다. 그런데 아뿔싸! 잘나가던 그가 어느 날 윤리 문제로 메가톤급 톱뉴스를 차지하고 나라를 들썩이게 할 줄이야(누구라고 밝히지는 않지만 눈치 빠른 사람은 이 글을 힌트 삼아 그가 누구인지 검색하는 데 성공할 것이다).

여기서 얻는 교훈은 두 가지다. 첫째는 누구라도 방심하거나 교만하면 실족할 수 있다는 것. 따라서 항상 자기를 낮추고 겸손하며 언행을 조심해야 한다는 것이고, 둘째는 책에서 사례를 읽을 때는 그 시점까지 얻을 수 있는 교훈을 얻으면 된다는 것. 그 이후에 그가 어떻게 되느냐는 별개의 것이니 고려하지 말자는 것이다.

제6장

자기를 통제하라
– 윤리는 행동이다

ETHICAL WISDOM

A라는 사람이 있다. 그는 동창들 사이에서 욕을 많이 먹는다. 자기는 나름대로 출세를 했고 잘나가고 있는데 동창들의 어려움을 외면한다는 것이다. 그가 고향의 기관장으로 금의환향했을 때 동기들의 기대는 컸다. 밥이라도 한번 거하게 살 줄 알았다. 그런데 그는 그러질 않았다. 법인카드는 그렇게 사적으로 쓰는 것이 아니라는 이유에서다. 어느 날, 친구가 자기 딸의 취업을 부탁하러 갔을 때 그는 정중히, 그러나 일언지하에 거절했다. 부하들에게 사적인 부탁을 할 수 없다고 했다. 언행은 친절하고 부드러웠으나 그런 부탁에 직면하면 얼음같이 냉정했다. 그러니 동기들끼리 모이면 A를 성토하기에 바쁘다. 혼자만 출세하면 다냐고. 쌀쌀맞고 인정머리가 없다고.

　B라는 사람이 있다. 그는 A와 반대다. 동창들 사이에서 인기가 좋다. 그의 사무실에 들렀던 친구들은 하나같이 기분 좋아 한다. 쓸 만한 고가의 기념품을 주는가 하면 점심이나 저녁때 들르면 회사의 경

비로 밥도 잘 산다. 푸짐하게 얻어먹는다. 가끔은 동기들을 부부 동반으로 초청하여 골프 접대를 하기도 했다. 어느 일요일, 동창회가 주관하는 운동회 때는 그의 부하들이 대거 출동하여 운동회의 진행과 뒷바라지를 했다. 그러니 모두들 그를 칭송한다. 인기가 매우 좋다. 심지어 적당한 때에 고향에서 국회의원에 출마하라고 부추기는 동기까지 있을 정도다.

자, 묻겠다. 이 A와 B 중에 누가 윤리적이며 직업모럴에 충실한가? 어느 쪽이 더 바람직하다고 생각하는가?

윤리는 행동이요
결과다

　　　　　윤리나 직업모럴은 사실 논리의 문제도 이론의
문제도 아니다. 또한 지식의 문제도 아니다. 주위를 돌아보면 오히려
많이 배운 사람이, 머리가 좋다는 사람이, 그리고 지위가 높은 사람들
이 반윤리적이요 자신의 본분을 다하지 못해 큰 문제가 되는 수가 많
다. 그러기에 이것은 실행의 문제다. 몰라서 못 하는 것이 아니라 안 해
서 못 하는 것이다.

　당나라의 대시인 백거이白居易(백낙천)가 큰 스님인 도림선사道林禪師
(조과선사)를 찾아가 세상살이의 가르침을 청했다. 그러자 선사가 "제
악막작諸惡莫作 중선봉행衆善奉行"이라는 답을 내놓는다. 즉, '나쁜 짓을
하지 말고 선한 일을 하라.'는 것이다.

　큰 스님으로부터 인생살이의 기막힌 지혜를 기대했던 백거이로서
는 큰 스님의 평범한 대답에 실망이 컸던 모양이다. 이렇게 질문한다.

　"그거야 세 살 먹은 아이도 압니다."

　그 말을 듣고 선사가 책망하듯이 일갈한다.

　"세 살 먹은 아이도 알 수 있으나 여든 살 된 노인도 행하기 어려우
니라."

백거이는 그 말씀에서 큰 깨달음을 얻었다. (이 이야기는 임금과 대학자의 대화로 각색되어 소개되기도 한다.)

그렇다. 알지만 실행하지 못하는 것이 윤리요 직업모럴이다. 그런 의미에서 이제부터 내가 어떻게 바뀌어 윤리를 실행하는 사람이 될 것인지를 따져보자. 결론은 실천이요 결과다.

윤리적 목표를 정하고 실행하라

C라는 사람이 있다. 그는 내심 돈을 밝히는 편이다. '좋은 게 좋은 것'이라는 게 그의 처세론이었다. 원칙주의자를 보면 뭐 그렇게 빡빡하게 사냐고 생각한다. 양심에 비춰 스스로를 솔직히 평가하라면 원칙을 준수한다거나 청렴결백한 것과는 좀 거리가 있다고 본다. 하청업자들에게 가끔 갑질도 한다. 술을 거하게 얻어먹기도 했다. 영업팀장을 할 때는 법인카드를 이용하여 사적인 거래에 자주 사용하기도 했다. 가족들과 호텔에서 비싼 저녁을 먹기도 했고 친구들에게 통 크게 한턱내기도 했다. 당연히 회사의 영업비용으로. 물론 그럴듯한 거짓 명분을 붙여서 말이다. 인간관계가 좋다는 평을 듣는다.

그러던 어느 날 그는 K 광역지구를 담당하는 본부장으로 발령이 났다. 사람들은 그가 주변 좋고 수완이 좋은 탓으로 일찍 승진하게 됐다고 생각했다. 그런데 이게 웬일인가? 사람이 확 바뀌었다. 세상의 변화를 감지한 그는 자신의 처신을 냉정히 돌아봤다. 이러다가 끝이 좋지 않겠다고 판단했다. 더구나 동기들 중에서 가장 먼저 본부장이 되어 더 높은 자리에도 올라갈 수 있는 가능성을 알게 됐으니 언행을 철저히 통제하고 관리해야겠다고 생각했다. 그가 완전히 달라졌다. 공과 사를 엄격히 구분했다. 회사의 비용을 사적으로 사용하는 것을 철저히 끊어버렸다. 가족들에게도 절제하고 행동에 조심하도록 엄명을 내렸다. 사람들이 그의 돌변을 의아하게 생각하겠다고? 아니다. 주위에서는 그가 고위직이 되면서 그에 걸맞게 멋지게 변했다고 칭송이 자자하다. 당연한 변화와 처신으로 이해한다. 앞으로 좋은 임원이 될 것이라고 기대하고 있다.

세상이 바뀌었으면 당신의 처세도 바뀌어야 한다. 세상이 원칙을 요구하면 당신이 그에 순응하여 원칙대로 살아야 한다. 변해야 한다는 말이다. 생긴 대로 살 것이 아니라 피나는 자기혁신의 노력을 해야 한다.

윤리와 직업모럴을 지키는 것은 어렵다. 그래서 우리는 자칫 타고난 대로 살게 된다. 타고난 품성과 욕망대로 산다는 말이다. 그렇다면 그것은 동물적이다. 인간이 인간다울 수 있는 것은 자신의 성격과 욕망을 이기는 삶을 살아갈 때이다. 예컨대 욕망대로 산다면 그의 앞날은 뻔하다. 지속 가능하지 못하다.

그럼 어떻게 변할 것인가? 잘못된 욕망을 버리는 방법도 있을 것이나 윤리적이고 모럴에 맞는 행동을 함으로써 성품을 바꾸고 나쁜 욕망을 탐내지 않도록 하는 방법도 있다. "어떤 성격을 원한다면 그런 성격을 가지고 있는 것처럼 행동하라."는 심리학 이론으로 유명한 윌리엄 제임스William James를 잘 알 것이다. 그의 심리학적 이론은 1970년대에 심리학자 피터 레윈손Peter Lewinsohn에 이르러 행동활성화Behavioural

Activation라는 훈련법으로 구체화됐다. 행동활성화 훈련법이란 장기적인 변화를 이끌어내기 위해 구체적인 활동목록을 작성하고 그것을 행동으로 실천함으로써 변화를 추구하는 방법이다(리처드 와이즈먼,《립잇업》, 박세연 옮김, 웅진지식하우스, 2013). 예컨대 윤리적이고 원칙적인 사람이 되는 것을 목표로 삼는다면 그것을 구성하는 요소나 보여줄 수 있는 행동을 목록으로 작성하고 그대로 행동에 옮겨 실천하라는 것이다. 그럼으로써 결국 원칙을 지키는 윤리적인 사람이 될 수 있다. 비록 타고나지는 않았더라도 새롭게 거듭날 수는 있는 것이다. 어떻게 해야 할지 아시겠는가?

워싱턴에게서 배우는
자기혁신

타고난 성품이 어땠는지 알 수는 없지만, 자신을 갈고 닦음으로써 완성된 인격을 보여준 대표적 인물의 한 사람이 조지 워싱턴George Washington이다. 역사학자들은 링컨Abraham Lincoln과 함께 그를 가장 훌륭한 미국 대통령의 반열에 올려놓는다. 그가 어떤 인품의 소유자였는지는 대통령이라는 권좌에 있을 때 보여준 처신을 통해서도 알 수 있다.

1789년, 미국이 처음으로 실시한 대통령 선거에서 만장일치로 대통령에 당선된 그는 황제와 같은 지위를 누렸다(대통령이라는 제도가 아직 생경스러웠을 당시의 시대적 상황을 고려해보라). 선거의 경쟁자조차 없이 두 번의 임기를 마친 그는 사망할 때까지 종신 대통령직에 머물러줄 것을 간청받았지만 단호히 거절하고 자리를 떠났다. 그리고 미련 없이 자신의 사저가 있는 마운트 버넌Mount Vernon으로 돌아갔다. 대통령직을 떠나면서 그가 행한 고별사는 오늘날까지도 미국인들의 가슴에 남아 역사를 만들고 있다.

"당쟁을 벌이지 말고 파벌 싸움을 하지 마십시오. 모든 공적인 일에서는 도덕성과 선의를 앞세우십시오."

그리고 2년 뒤, 67세의 나이로 세상을 떠났다. 미국의 독립선언을 기초했던 리처드 헨리 리_{Richard Henry Lee}는 장례식 연설에서 "First in war, first in peace, and first in the hearts of his countrymen."(전쟁에서도 1인자였고, 평화에서도 1인자였으며, 온 국민의 마음에서도 1인자였다.)라며 그를 칭송했다.

그러나 그의 어린 시절은 극심한 어려움으로 점철됐다. 두 번째 부인의 소생으로 태어난 그는 철이 들기도 전인 11세 때 아버지를 여의었다. 정규 학교를 다닌 적이 거의 없이 아버지와 맏형으로부터 집에서 교육을 받았고, 10대 후반부를 담배 재배와 가축 사육, 측량기사의 보조자로 일하며 거칠게 살았다. 그럼에도 그는 명석한 판단력과 탁월한 리더십, 그리고 어려서부터 갈고 닦은 인품으로 지도력을 발휘하여 온갖 악조건과 싸우면서 끝내 영국으로부터 미국의 독립을 쟁취하고 역사에 남는 초대 대통령이 된 것이다.

행동부터 바꾸자

워싱턴을 길게 소개하는 이유가 있다. 당신도 대통령이 되라는 게 아니다(우리나라에서 대통령을 한다는 건 너무 힘들어서 차마 권하지 못하겠다). 정규 교육도 받지 않은 그가 어떻게 도덕성과 선의를 말하는 그런 위대한 인격의 소유자가 됐느냐를 밝히고 싶어서다.

성공을 꿈꾸던 소년 워싱턴은 어느 날《정중함의 법칙과 회사와 대화에서의 바른 행동_{The Rules of Civility and Decent Behavior in Company and Conversation}》이라는 책을 읽고 그 책에 있는 110가지의 원칙(너무 많다)

을 수첩에 적어 평생 동안 마음에 새기며 실천하고 생활화했다. 그 결과는 말할 필요도 없다. 위대한 인격의 리더로, 그리고 미국의 국부로 존경을 받게 된 것이다.

그가 세상을 떠난 뒤, 유품을 정리하던 중 작은 수첩 하나가 발견됐다. 워싱턴이 평생토록 갖고 다니며 애지중지하던 수첩이기에 사람들은 그것에 무엇이 기록돼 있는지 궁금했다. 정치인이나 고위 공직자 등, 권력층에 준 떡값이나 룸살롱 접대 명세가 적혀 있지는 않았을까? 당연히 아니다. 그 수첩에는 자신의 언행을 갈고 닦을 실행 목록이 110가지나 적혀 있었다. 그가 꼼꼼히 적어 꾸준히 실행했던 내용은 대략 이런 것들이다. 그중 몇 가지만 소개한다.

⑴ 여러 사람이 있을 때 행하는 모든 행동은 상대방에 대한 존경심을 담고 있어야 한다.

⑵⑵ 상대방이 적일지라도 그의 불행을 즐거워하는 모습을 나타내서는 안 된다.

⑷⑼ 누구에게든지 비난받을 말을 하지 마라. 저주도 욕도 해서는 안 된다.

그리고 마지막 110번째는 '네 양심과 네 가슴을 항상 숨 쉬게 하라.'는 것이었다. 10대 소년답게 '또박또박, 차근차근하게 말하라.' '그 자리에 없는 사람의 험담은 하지 마라.'는 등 기본적인 것도 있었지만(톰 피터스,《리틀 빅 씽》, 최은수·황미리 옮김, 더난출판사, 2010).

결국 윤리적 인간은 태어나는 것이 아니라 만들어지는 것이다. 직업 모럴을 지킨다는 것은 머릿속에서 이뤄지는 것이 아니라 자신의 말과

208

행동을 갈고 닦음으로써 만들어지는 것이다.

  그렇다면 당신이 행동으로 보여줄 윤리 또는 직업모럴의 행동목록
은 무엇인가. 필요하다면 만들어서 그대로 실행에 옮기자.

(나의 책《앤형인간》중에서.)

진실로
강한 사람이 되는 법

불교는 우리네 인생을 고통의 바다라는 뜻에서 '고해苦海'라고 했다. 그리고 우리가 사는 세상이 불타는 집과 같다며 '화택火宅'이라 한다. 아닌 게 아니라 세상살이가 간단치 않다. 먹고사는 문제뿐만 아니라 한걸음 한걸음이 지뢰밭을 걷듯 아슬아슬하다. 너 죽고 나 살기의 살얼음판이다. 언제 어떤 악마, 어떤 유혹과 맞닥뜨릴지 모른다. 이런 세상을 상처받지 않고 거뜬히 살아가려면 멘탈이 강해야 한다. 제아무리 뱃살이 식스팩이고 팔뚝에 알통이 나오더라도 정신력이 약하면 말짱 황이다(복근과 알통을 자랑하는 스타 선수가 돈의 유혹에 넘어가서 한 방에 훅 간 사례도 보지 않았나).

멘탈이 강하다는 것은 의미가 다양하다. 주위 사람들의 말 한마디에 밤새도록 잠 못 이루는 '유리 멘탈'이나 '개복치(조금만 스트레스를 받아도 죽어버리는 일본 게임의 캐릭터다)'의 반대 개념으로 강한 멘탈을 말하는 경우도 있고, 자신의 신념을 지키고 어떤 유혹에도 넘어가지 않고 역경에 굴하지 않는 의미에서의 강한 멘탈도 있다. 여기서 말하는 강한 멘탈이란 당연히 후자의 경우다. 우리는 흔히 멘탈이 강하다면 낯이 두껍고 배짱 두둑하게 행동하는 사람을 떠올리는 경우가 많다. 상황에 따라 그럴 수도 있지만, 모럴이나 윤리와 관련한 강한 멘탈은 오히려 자신의 신념에 따라 원칙을 지키며 행동하는 사람의 정신이다. 그런 의미의 강한 멘탈은 정직하고 성실하며 겸손하고 수줍음 많은 내향성인 사람 중에 발견하는 경우가 많다. 수잔 케인Susan Cain의 책 《콰이어트》를 보면 바로 그런 경향을 수많은 사례를 통해 우리들에게 증명해준다. 그 대표 선수를 꼽으라면 인도의 독립운동을 이끌었던 간디Mahatma Gandhi가 돋보인다.

간디에게 배우는 통제력

간디가 역사적으로 어떤 일을 한 사람인지는 설명하지 않겠다. 너무나 잘 알려져 있으니까. 그러나 그가 어떤 기질의 사람인지는 우리가 잘 모르고 있다. 그는 식스팩이나 알통이 잘 다듬어진 사람이 아니다. 왜소하고 연약해 보이는 몸매다. 그런 외양에 걸맞게 수줍음 많고 조용한 사람이다.

어린 시절부터 그랬다. 겁이 많았다. 그러기에 책 속에 파묻혀 지냈고 누군가와 이야기하는 것조차 두려워했다. 청년이 되어서도 마찬가지였다. 위원회 같은 모임에 가서는 자기의 뚜렷한 의견이 있음에도 두려워한 나머지 입도 뻥긋하지 못했다. 심지어 자신의 의견을 글로 적어 읽으려 했지만 그마저 주눅이 들어 못 할 정도였단다.

나이가 들어서도 그는 즉석연설을 가급적 피하려고 했고 사소한 언쟁에는 언제나 스스로 물러서곤 했다. 그래서 간디의 친구들은 그를 너무 수동적이고 연약하다고 생각했다. 그러나 그는 수줍음 많은 사람이기는 했지만 연약한 사람은 아니었다. 이를테면 외유내강한 사람이었다. 그는 자신의 기질과 한계를 잘 알고 있었기에 스스로 통제력을 발휘하여 강한 멘탈을 발휘했다. 그는 그 누구보다도 자제력이 강한 사람이었다. 즉 강한 정신력의 소유자였다. 그러기에 수억 인구의 앞에 서서 독립운동을 이끌었다. 그이다운 방식으로 말이다. 그의 트레이드 마크라 할 '비폭력 불복종 운동'은 그의 기질과 더불어 그가 얼마나 강한 멘탈의 소유자인지를 잘 나타내는 것이다. 이렇듯 진정으로 정신력이 강한 사람, 멘탈이 강한 사람이란 간디처럼 자기 자신을 통제하는 자제력이 강한 사람을 말한다(수잔 케인, 《콰이어트》, 김우열 옮김, RHK, 2012).

이 험한 세상에서 마음에 상처를 받지 않고 자신의 길을 걸어가려면 무엇보다도 강한 사람이 돼야 한다. 그리고 진실로 강한 사람이란 강한 정신력으로 스스로를 통제하고 불순한 욕구를 자제할 수 있는 사람이다. 그런 사람은 결코 악마의 유혹에 넘어가지 않는다. 역경 속에서도 의연한 자세를 견지한다. 고해의 높은 파고에서도 흔들리지 않는다.

자신이 연약하다고 생각하는 사람은, 세파의 자극과 유혹에 마음이 잘 흔들린다고 생각하는 사람은 가끔 간디를 떠올려보는 것은 어떨까? 진실로 강한 사람이 어떤 사람인지를 생각해보는 것도 도움이 될 것이다.

'악마의 덫'을
분별하라

"인생의 마지막 뒷모습을 망쳤다. 악마의 덫에 걸려 빠져나가기 힘들 듯하다. 모두 내가 소중하게 여겨온 만남에서 비롯되었다."

수년 전 검찰 수사를 받던 고위 공직자가 안타깝게도 스스로 목숨을 끊으면서 남긴 말이다. 누군가를 만난 것이 결국은 '악마의 덫'이 되고 말았다는 한 맺힌 후회로 남았기에 그렇게 말했을 것이다.

요즘 세상에서 만남은 동전의 양면, 아니 양날의 칼과 같다. 인간관계를 통하여 좋은 일이 일어날 수도 있지만 그 관계가 나락으로 떨어지는 결정적 원인이 될 수도 있다.

비리와 사고의 시작은 이렇듯 만남과 관계에서 비롯되는 수가 많다. 나라를 크게 흔들어놓은 최아무개의 국정농단 사태도 이리저리 얽힌 만남과 관계로부터 시작이 되지 않았던가. 그렇게 되면 애초에 만나지 않은 것만 못하다.

모든 비리와 사고의 시작은 별것 아닌 것에서 출발한다. 때로는 '좋게' 시작된다. 그러면서 슬슬 늪으로 빠지는 속성이 있다. 처음에는 차 한 잔의 만남으로, 그리고 친숙해지면서 점심 식사가 되고, 나중에는

저녁 술자리에 이은 향응으로 발전한다. 이쯤 되면 이미 덫에 한발 걸린 것이나 다를 바 없다. 이제 남은 것은 상대가 악마로 변하느냐 아니냐이다. 상대가 악마로 변하면 공든 탑이 한꺼번에 무너질 것이요, 설령 악마로 변하지 않는다 해도 마음 한구석에 께름칙한 변수로 남는다. 오랜 기간 비리 사건을 수사해온 검사나 변호사들이 하는 말이 있다. "사건은 한 번의 식사 자리에서 시작된다."고.

악마의 덫에 걸리지 않으려면 어떻게 해야 할까? 첫 자리부터 사람을 가려야 한다. 아니 사람을 가릴 수 없다면 언행을 가려서 조심해야 한다. 약점을 잡히면 끝장이다. 약점을 잡히지 않으려면 유혹에 흔들리지 말아야 한다.

유혹에 흔들리지 않으려면 어떻게 해야 할까. 역시 자기통제Self-regulation, 자제력이 핵심이다. 자기통제란 심리학자 대니얼 골먼Daniel Goleman의 말대로 "충동적인 유혹에 소신 있는 자기응답을 펼칠 수 있는 능력"이다. 당신은 악마의 유혹에 소신 있게 응답할 수 있는가? 그것이 악마의 덫을 피하는 방법이다.

그리고 또 하나의 방법은 '악마의 덫'을 분별하는 능력이다. 악마의 덫을 우려하여 애초부터 만남과 관계를 끊고 살 수는 없는 노릇이다. 더구나 현실은 인맥 사회요 인간관계가 매우 중요한 것이 사실인데 말이다. 따라서 사람을 만나고 관계를 맺더라도 그가 악마인지 아닌지, 덫인지 아닌지를 수시로 점검하고 냉정히 판단하여야 한다.

마음이 흔들릴 때
-자기 통제의 기술

자제력은 굳센 의지력이요, 그 의지를 행동으로 옮기는 실천력이다. 사람들은 누구나 겸손과 정직과 성실과 원칙과 정의와 도덕과 윤리를 중요시한다. 그럼에도 그것을 제대로 실행에 옮기지 못하는 것은 바로 자제력의 부족, 자기 통제력의 결핍 때문이다.

흔들리는 세상, 혼탁한 세태에 윤리를 지키고 도덕을 준수하려면 자제력과 통제력이 필수다. 말들은 청렴결백이니 윤리경영이니 프로 근성이니 쉽게 하지만 혼탁한 세상에서 그렇게 처신하기가 쉬운 게 아니다. 자칫 주변머리 없는 사람, 꽉 막힌 사람으로 치부되어 왕따가 될 수도 있다. 그러나 남들이 뭐라고 하든 자기의 신념에 따라 세상의 원칙을 지키며 실행할 수 있는 사람, 그이야말로 진정으로 강한 사람이요 독한 사람이다.

우리는 대부분 보통 사람이기에 세상의 유혹 앞에 흔들리기 쉽다. 성자처럼 살기가 말처럼 쉬운 것은 아니지 않는가. 그러나 세상은 성자처럼 살기를 요구하고 있다. 하늘을 우러러 한 점 부끄러움이 없어야 한다고.

그의 실명을 거론하는 것이 미안하지만, 소위 신아무개 사건으로 어려움을 겪었던 변양균 씨가 훗날의 인터뷰에서 "공무원을 해보니까 성직자 같은 굉장히 높은 도덕적 수준이 필요하더라."고 한 말은 좋든 나쁘든 사무친 경험에서 나온 좋은 교훈이라 할 것이다(중앙일보, 2012. 1. 14).

세상이 그렇게 요구한다면 우리가 설령 성직자가 될 수는 없다 하더라도 어떻게 하여 성직자처럼 자제하고 통제할 것인지 고민해야 한다. 그러지 않으면 한순간에 나락으로 떨어질 수 있으니까 말이다. 그럼 어떻게 하여 성직자처럼 처세할 수 있을까? 수도원이나 산에 가서 도를 닦아야 하는가? 이와 관련하여 나는 성직자였던 마르틴 루터Martin Luther의 지혜를 소개하고 싶다.

마르틴 루터의 충고

파문을 당하면서까지 교황과 맞섰던 독일의 종교 개혁가 마르틴 루터. 그가 십계명 중에서 일곱 번째 계명인 '간음하지 말라.'에 대하여 언급한 적이 있다. 성경에 나오는 십계명 중에서도 가장 지키기 힘든 조항이 바로 그것이란다. 이 계명은 그냥 '간음'만이 아니라 '마음의 간음'조차 금하는 것이다. 마음의 간음까지? 이건 정말이지 힘든 일이다. 인간의 속성과 한계를 뛰어넘는 것이다. 이건 성직자라도 지키기가 쉽지 않을 것이다. 인간인 이상 매력적인 이성을 봤을 때 마음속이 요동치는 것이야 누가 막을 수 있겠는가? 그 자체가 하늘이 준 기능(?)인데 말이다. 솔직히, 상상 속에서 이성과 짜릿한 사랑을 하며 마음속 간음조차 안 해본 사람이 몇이나 있을까? 그래서 마르틴 루터는 현명

하게도 이렇게 충고한다.

"마음속 간음의 생각이 떠오르는 것이야 어떻게 막겠는가? 이는 마치 참새가 곡식밭에 날아오는 것을 막을 수 없는 것과 같다. 그러나 곡식밭에 날아온 참새가 그곳에 머물지 못하도록 '휘이휘이!' 쫓아야 하는 것처럼, 우리들 마음속에 간음의 생각이 떠오를 때는 그 생각이 머물지 못하도록 '휘이휘이!' 쫓아버려야 한다."

나는 이 말을 20여 년 전에 어느 교회의 목사로부터 들었다. 주일의 설교에서다. 그 권고가 얼마나 현실적이고 공감을 주었든지 지금까지 마음속에 콱 박혀 있다. 마르틴 루터의 충고는 여러 방면에 유용하게 적용할 수 있다. 예를 들어 성폭력에 원용하면 이런 말이 될 수 있다.

"남성으로서 여성을 대할 때 발동하는 이성적 호기심이야 어떻게 말리겠는가? 그것이 남자의 태생적 속성인 것을. 그러나 그 탈선적 호기심이 작동할 때는 결코 마음에 머물지 않도록 빨리 '휘이휘이' 쫓아버려야 한다."

루터의 충고는 간음 따위의 성적 충동을 자제하는 데만 유효한 것이 아니다. 직업모럴이나 윤리·도덕에 관한 다양한 부분에서 그대로 적용이 가능하다. 예컨대 당신이 부정부패의 유혹에 노출됐다고 치자. 한번만 두 눈 질끈 감으면 한탕 할 수 있는 절호의 기회를 잡았다고 치자. 아무도 안 보겠지? 들키지는 않겠지? 그렇다면 한번 해봐? 그렇게 마음이 흔들릴 때는 얼른 마르틴 루터를 떠올리면 좋을 것이다.

즉, 보통의 인간으로서 결정적 순간에 부정의 유혹에 마음이 흔들리는 것은 어쩔 수 없을 것이다. 세상에 공돈만큼 맛있는 게 없을 테니까. 그러나 그 잘못된 생각이 마음에 머무르지 못하도록 얼른 훠이훠이 쫓아버려야 한다. 순간의 판단을 그르치면 당신의 미래는 엉망진창이 된다. 빨리 생각을 바꿔야 한다. 그러면 극복할 수 있을 것이다.

이 또한 지나가리라

윤리와 직업모럴과 관련하여 당신의 양심이 유혹 앞에 흔들릴 때는 마르틴 루터를 떠올리라고 했다. 그 밖에 또 한 가지 유용한 방법이 있다.

큰 슬픔이 거센 강물처럼 너의 삶에 밀려와 마음의 평화를 파괴하고,
소중한 것들을 그대에게서 영원히 앗아갈 때면,
힘든 순간마다 그대의 가슴에 말하라.
'이것 또한 지나가리라This, too, shall pass away.'

– 랜터 윌슨 스미스 Lanta Wilson Smith

'이 또한 지나가리라.'

자제력을 발휘하게 하는 참 좋은 말이다. 특히 흔들리는 감정을 조절하는 데 딱 좋다. 안성맞춤이다. 이 명언의 출처에 대해서는 탈무드라든가 성경 심지어 논어나 장자라는 설도 있으나 탈무드보다 오래된 미드라쉬(Midrash : 구약성경에 나오는 인물들에 대해 전해오는 이야기를 담

은 유대인의 성경주석)가 원조인 것 같다. 그것을 이런저런 사람들이 시나 책에 인용하면서 혼란(?)스럽게 된 것 같다.

어느 날 다윗은 궁중의 보석 세공인을 불러 명령했다.

"아름다운 반지를 하나 만들어라. 거기에는 내가 전쟁에서 큰 승리를 거두어 환호할 때 교만하지 않게 하며, 내가 큰 절망에 빠져 낙심할 때 크게 좌절하지 않고 스스로 용기와 희망을 가질 수 있는 글귀를 새겨 넣어라."

보석 세공인은 왕의 명령대로 매우 아름다운 반지를 만들었다. 그러나 반지에 넣을 적당한 글귀가 좀처럼 떠오르지 않았다. 고민을 거듭하던 그는 지혜롭기로 소문난 솔로몬 왕자를 찾아가 도움을 청했다. 그때 솔로몬 왕자가 알려준 글귀가 바로 '이 또한 지나가리라It shall also come to pass.'라는 것이다.

유혹 앞에 마음이 흔들릴 때, 마르틴 루터를 떠올려도 흔들리는 마음이 잡히지 않을 때는 이 말을 되뇌어보라. 그때, 그 고비만 잘 넘기면 된다. 성큼 부정의 발을 내딛지 마라. 악마의 덫에 몸을 던지면 안 된다. 유혹이 심각하고 마음이 흔들릴 때는 속으로 외쳐라.

'이 또한 지나가리라!'

안 돼! 그만둬!

흔들리는 자신의 마음을 바로잡는 또 하나의 방법이 있다. 마르틴 루터를 떠올려도, '이 또한 지나가리라.'를 되뇌어도 마음이 흔들리며 갈등을 일으킬 때는 직격탄을 쏘아버리는 것이다. 즉, 자기 스스로를 향해 "안 돼!"라고 소리치는 것이다. 비윤리적 행위와 비도덕적 생각을 하고 있는 자신에게 "그만둬Stop!"라고 소리쳐보라. 이것이 의외로 약발이 좋다. 심리적으로 인증된 효과가 있다. 속으로 그렇게 경고하여 자신의 생각을 바꿈으로써 행위에 제동을 걸 수 있다. 주위에 사람들이 없다면 정말로 목소리를 내어 크게 소리치면 더 좋다. 상황을 반전시킬 수 있다.

"안 돼!" "Stop!"

나폴레옹 기법

자기 통제를 하는 방법은 여러 가지다. 앞에서 다룬 바와 같이 자기를 향해 어떤 말을 되뇌는 방법도 있고 유용한 사람을 떠올리는 방법도 있다. 그중의 하나로 권하고 싶은 것이 나폴레옹 기법Napoleon Technique이다. 나폴레옹 기법이란 어떤 상황, 어떤 문제가 발생할 때 누군가를 롤모델로 정하고 '이런 상황에서 그 사람이라면 어떻게 했을까?'라며 자신을 유명한 사람, 훌륭한 사람과 견주어가며 그 사람의 시각에서 상황을 바라보고 문제 해결의 방법을 찾아내려고 노력하는 것이다. 일종의 벤치마킹이라 할 수 있겠다.

잘 아는 바와 같이, 벤치마킹Benchmarking은 우수한 상대를 목표로 삼아 자기와의 차이를 비교·분석하고 배움으로써 자기 혁신을 추구하는 경영기법이다. 원래는 기업 혁신의 한 방법으로 시작됐지만 지금은 개인도 뛰어난 상대에게서 배울 것을 찾아 배우는 자기경영의 한 방법으로 사용된다. 이때 벤치마킹의 대상이 되는 사람을 흔히 롤모델이

라 한다.

미국의 대통령들은 링컨을 나폴레옹 기법의 대상으로 삼아 자기 통제에 활용하는 것 같다. 백악관에는 오래전부터 링컨의 초상화가 걸려 있다는 사실이 그를 짐작하게 한다. 루스벨트_{Franklin Roosevelt} 대통령은 이렇게 고백한 적이 있다.

"결론을 내려야만 될 문제가 생겼을 때라든지, 복잡하고 처리하기 곤란한 일 또는 대립된 권리나 이해관계가 얽힌 문제에 직면했을 때, 나는 언제나 링컨의 초상을 쳐다보면서 그가 현재의 내 입장에 처해 있다면 어떻게 처리했을까 하고 생각해봅니다. 묘하게 들릴지 모르지만, 솔직히 나는 그 덕택으로 문제가 쉽게 해결되었다고 느낍니다."(데일 카네기,《카네기 스피치 & 커뮤니케이션》, 최염순 옮김, 씨앗을 뿌리는 사람, 2004.)

가장 최근의 대통령인 버락 오바마는 집무실에 링컨의 흉상을 세워두고 "이런 상황에서 링컨 대통령은 어떻게 했을까?"라며 링컨과 가상의 대화를 나누며 자신을 통제한다고 한다.

긴 호흡으로 보라
- 우리에게 무엇이 남을까?

　　　　　　　윤리, 도덕을 말하면 왠지 인간 냄새가 나지 않을
수 있다. 깐깐한 선비가 떠오를 수도 있고 칼날같이 냉철한 원칙주의
의 차가운 사람이 떠오를 수도 있다. 이 험한 세상에 윤리의 덫, 악마
의 덫에 걸리지 않으려면 관계를 끊고 독야청청해야 하는 것으로 오
해할 수도 있다. 철저한 자기관리와 통제는 필수지만 그것만으로 윤리
에 충실했다고 할 수는 없다. 인생을 길게 보고 긴 호흡으로 윤리와 직
업모럴을 다시금 돌아볼 필요가 있다. 그러려면 자제와 통제를 벗어나
한발 더 나아가 타인을 사랑하고 남을 돕고 배려하는 적극적 태도를
가져야 한다. 꼭 그래야 한다. 윤리란 원래 인간이 가야 할 바른 길이기
때문이다.

　당신은 머지않아 직장을 떠나게 될 것이다. 입사한 지 얼마 되지 않
은 신입사원이 정년을 다 채운다 해도 인생 전체를 놓고 보면 눈 깜짝
할 사이에 직장생활은 끝난다. 지나고 나면 정말 눈 깜짝할 사이임을
실감한다. 그렇게 직장 생활을 마무리하고 나면 남는 것은 무엇일까?

　나의 경우를 말하라면 두 가지가 남는 것 같다. 승진을 빨리 했다든
가 현직에 있을 때 화려한 경력을 쌓은 것은 세월이 흐를수록 퇴색해

간다. 현직에서 화려했을수록 허망할지도 모른다. 그러나 세월이 흐를수록 오히려 선명히 가슴에 떠오르는 것이 있다. 내가 남에게 잘못했던 것과 잘해주었던 것이다. 남을 아프게 했던 것은 내 가슴에 아프게 되살아난다. 그리고 남을 도와주었던 것은 가슴 뿌듯한 따뜻함으로 남아 있다. 물론 후자의 것이 훨씬 적었기에 가슴이 아프지만 말이다. 그래서 가끔 알베르 카뮈Albert Camus가 말했다는 구절을 읊조리게 된다.

"우리들 생애의 저녁에 이르면,
우리는 얼마나 가졌느냐가 아니라
얼마나 사랑했느냐를 놓고
심판받을 것이다."

그렇다. 우리들 생애가 저물 즈음, 아니 직장을 떠날 때만 이르러도 우리는 타인을 얼마나 사랑했는가를 놓고 스스로를 심판하며 크게 후회하고 괴로워할지 모른다. 아무쪼록 직장생활을 통하여 남을 많이 도와주고 베풀어야 한다. 사랑해야 한다.
그것이 사람이 가야 할 길-윤리요 도덕이다.

있을 때 잘해
직장이란 곳은 일 때문에 사람들이 함께 어우러지는 곳이다. 그러므로 이해관계가 어긋남으로써 충돌이 일어날 수 있다. 회사 내의 관계(상사와 부하 등)에서도 그렇고 회사 밖의 관계(거래처 등)에서도 그렇다. 항상 덕담만 하며 지낼 수는 없으며 베풀기만 할 수도 없다. 때로는 부하나 거래처에 대하여 결정적으로 불리한 처분을 내려야 할 경우도 있다. 조직의 생리와 직장의 형편이 그런 걸 어쩌겠는가? 그러나 아무리 사정이 그렇다 하더라도 '하기 나름'이다. 조금이나마 상대방을 더 신뢰하고 더 이해하고 덜 가슴 아프게 할 수는 있다.

사람이 죽을 때가 되면 후회하는 세 가지 '걸'이 있다고 한다. '베풀 걸' '즐길 걸' '참을 걸'이 그것이다. 누군가 우스갯소리로 만든 것인데 이것은 직장인이 그 자리를 떠날 때에도 마찬가지다.

많이 베풀어야 한다. 당신이 얼마나 가치 있는 직장 생활을 했는지는 얼마나 많이 다른 사람들을 도와주고 베풀었는지로 평가된다. 직장 생활을 하노라면 여러 사람과 이런저런 관계를 맺게 된다. 그것은 조직 내부의 사람들일 수도 있고 회사 밖의 고객일 수도 있다. 그가 누구이든 간에 당신이 도울 일이 있으면 흔쾌히 도와줘야 한다. 베풀 것이 있으면 서슴없이 베풀어야 한다.

직장에서 당신이 어떤 자리, 어떤 일을 하든 반드시 권한과 힘은 있게 마련이다. 그 권한과 힘을 통하여 가능한 한 많이 베풀어야 한다. 크면 큰 대로 작으면 작은 대로, 어디서 무엇을 하든, 있을 때 잘해야 한다. 권한이 있을 때 많이 도와줘야 하고 도와줄 수 있을 때 화끈하게 도와야 한다. 베풀 수 있을 때 적극적으로 베풀어야 한다. 남을 도울 수 있는 힘이 있음을 감사하게 생각하며 겸손한 자세로 도와야 한다. 그것이 사랑을 실천하는 것이요, 그렇게 되면 부정과 부패는 훨씬 줄어들 것이다.

노벨 평화상을 수상한 세계적인 지도자, 넬슨 만델라_{Nelson Mandela} 전 남아프리카공화국 대통령. 그분이 말했다. "인간의 최고 가치는 타인에 대한 배려"라고. 이렇듯 남을 돕고 배려하는 것은 단순한 직장인의 가치를 넘어 인간적 가치의 중심이다. 가능한 한 당신의 모든 권한과 힘을 남을 돕는 데 쓰라. 남을 돕는 것이 곧 자신을 돕는 것이 된다. 그렇게 쌓은 공덕이 크면 클수록 당신의 직장 생활은 품위 있고 가치 있는 것이 되니까.

본분의 회복과
내면의 소리

직업모럴과 윤리의 회복은 곧 양심의 회복을 의미한다. 《성공하는 사람들의 7가지 습관》으로 유명한 스티븐 코비 Stephen Covey 는 10년 만에 《성공하는 사람들의 8번째 습관》을 내면서 "내면의 소리에 귀 기울여 내면의 소리를 찾으라."고 충고했다. 내면의 소리란 종류가 다양하다. 그러나 핵심은 진정한 양심의 소리다. 진정한 자아의 소리, 마음 깊은 곳에서의 울림, 진실된 마음이요 외침이다.

사람들은 누구나 자신의 마음 깊은 곳으로부터 스스로에게 들려오는 소리가 있게 마련이다. 다만 애써 그것을 외면하여 들으려 하지 않거나 또는 자기변명, 자기합리화를 하려 든다. "현실이 이러니 어쩔 수 없다."거나 "이론과 실제는 다르다."면서 말이다.

'나는 누구인가?'

'나는 왜 이 자리에 있는가?'

'나는 어떻게 일하고 있는가?'

'나는 어떻게 살고 있는가?'

'나는 진실된 삶을 살고 있는가?'

'나는 사람들에게 어떤 모습으로 비춰지고 있을까?'

'나는 젊은 시절에 꿈꾸던 길에서 얼마나 벗어나 있는가?'

심지어,

'나는 회사에 충성하고 있는가?'

'고객을 진심으로 대하고 있는가?'

'부정과 비리를 저지르고 있지는 않은가?'

'나의 노후는 어떤 모습일까? 이대로 가면 어떻게 될까?'에 스스로 답하는 것이다. 양심과 윤리에 따라. 그리고 진실된 대화를 통해 무엇이 참 가치인지를 아는 것이다.

노벨상 수상자의 충고

2014년 기준, 우리나라 국내총생산GDP에서 연구개발R&D 투자가 차지하는 비중은 4.29%로 놀랍게도 세계 1위란다. 절대 금액으로만 봐도 미국·일본·중국·독일·프랑스에 이어 세계 6위 수준이다. 2016년 정부 R&D 투자액은 무려 19조 원이 넘고……. 그러나 그런 수치가 중요한 게 아니다. 문제는 투자 대비 실속이 적다는 데 있다.

왜 실속이 없고 연구 성과가 적을까? 한마디로 모럴 해저드요 윤리 실종 때문이다. 연구를 열심히 하라고 정부가 지원한 연구비를 빼돌려 개인 승용차를 사는 등 사적으로 사용하는가 하면, 막대한 비용을 투자하여 연구해냈다는 것이 사실은 선진 외국의 것을 베끼거나 또는 별 효용도 없는 경우가 대단히 많다고 한다. 어떻게 학자로서의 양심과 자존심을 그렇게 저버릴 수 있는지 혀를 차게 된다.

왜 이런 일이 벌어질까? 그런 내막을 잘 아는 어떤 교수가 말했다.

"막대한 세금을 투자하고도 기술이 축적되지 못한 것은 R&D 성공 조작 때문"이라고. "사실상의 범죄 행위"가 벌어지고 있다고. 결국 양심불량이라는 이야기다.

한국만 그런 건 아니다. 선진국이라는 이웃 일본에서도 연구비 부정과 유용 사건이 일어나는 모양이다. 골치 아픈 사람은 어디에나 있게 마련이다. 물론 정도의 차이는 있지만 말이다.

2015년 노벨 물리학상 수상자인 가지타 다카아키梶田隆章 일본 도쿄대 교수는 우리나라에 왔을 때 이런 말을 했다. "아무리 정부의 규제와 감시가 강화돼도 일부 과학자들의 일탈을 완벽하게 막을 수는 없다. 각종 연구 부정을 막기 위해서는 연구자의 양심이 최후의 보루가 되어야 한다." 그러면서 이렇게 덧붙였다.

"지식 하나, 요령 하나를 가르치는 것보다는 도덕성을 갖춘 연구자를 길러내야 한다."(조선일보, 2016. 7. 25.)

결론적으로, 노벨상을 받을 만한 능력과 실력을 갖췄더라도 도덕성이 없으면 말짱 황이라는 말이다. 머리가 좋은 만큼 지능적 범죄 행위를 하게 될 것이라는 이야기가 된다. 학자적 양심마저 돈 앞에서는 맥을 못 쓴다는 이야기인데, 결국 자신이 무엇을 하는 사람인지, 학문을 연구하는 사람으로서의 자존심이 어떤 것인지에 대한 내면의 소리를 듣지 않기 때문이다.

그런 사람들을 향해 이렇게 충고하고 싶다.

"연구비란 어떻게 하면 완벽하게 빼먹을까를 연구하는 비용이 아니다."

프로는 돈을 밝힌다?

프로(프로페셔널)라면 상대적으로 떠오르는 말이 아마추어다. 또한 프로와 아마추어를 말하면 자연스럽게 연상되는 것이 스포츠다. 그럼 스포츠와 프로를 함께 생각하면 무엇이 떠오르는가. 아마도 돈일 것이다. 아마추어라면 왠지 돈과는 좀 거리가 있고, 취미나 열정으로 운동을 하는 사람 같은 느낌을 갖게 된다. 그런데 어느 날 아마추어가 프로로 전향을 했다면 이제부터 돈벌이에 나서는 것으로 생각하게 된다. 그래서 '프로 = 돈'이 되는 것이다. 그래서 '프로'란 '직업적'임을 의미하게 된다. '돈벌이'란 곧 '직업적'이니까.

그럼 프로페셔널이 갖는 프로근성, 프로의식은 무엇인가? 돈을 밝히는 근성과 의식인가? 당연히 그건 아니다.

프로근성이나 프로의식을 설명하는 글과 주장은 많다. 그것은 최고를 지향하는 근성이며, 자기가 책임을 지는 의식이라고 한다. 자기의 모든 것을 거는 최선의 정신이며, 자신의 일에 대한 강한 승부욕과 근성을 뜻하기도 한다.

그러나 잊지 말자. 프로의 진정한 가치는 원칙과 깨끗함에 있다. 돈을 벌되 원칙과 깨끗함으로 승부하는 것이다. 윤리와 도덕, 즉 철저한 자기관리가 프로페셔널의 조건이다. 그런데 우리는 거꾸로 생각한다. 아마추어는 왠지 순수하고 깨끗한 것처럼, 그리고 프로는 수단과 방법을 가리지 않고 목표지향인 것처럼. 돈을 밝히는 것처럼.

예컨대 운동선수가 도핑을 했다면 그는 이미 프로가 아니다. 도둑이다. 프로는 결코 돈의 포로가 되지 않는다. 돈 먹는 하마, 돈을 밝히는 사람은 아니다. 윤리와 도덕의 기초 위에 최고의 고수가 되는 것, 그것이 진정한 프로페셔널이다.

술이
웬수?

"전혀 기억이 안 납니다."

술을 마신 후에 일어난 비윤리적 사건을 변명하면서 가장 많이 하는 말이다. 나도 오랫동안 술을 마셔온 애주가지만, 또한 실제로 술을 마신 후에 필름이 끊어지는 현상을 수시로 경험하지만, 솔직히 말해서 '결정적 사건'은 기억이 나게 돼 있다. 또는 기억이 안 나는 경우라도 누군가 지적을 해주면 어렴풋이 기억이 재생된다. 어쨌거나, 부적절한 행위를 한 뒤 술 핑계를 대봤자 별로 도움이 안 된다. 자칫하면 술 정도도 통제 못하는 나약한 인간으로 취급될 수도 있다. 그럼에도 불구하고, 윤리와 관련하여 떠오르는 사건들을 보면 술이 '웬수'인 경우가 적지 않다. 성희롱을 한 법관에서부터 말을 잘못하여 옷을 벗은 고위 공무원에 이르기까지(실명을 꼽으면 줄줄이 나오지만 당신이 기억해내라.) 그놈의 술이 웬수다(비상한 기억력 덕분에 고시에 합격한 사람들이 왜 술을 먹으면 기억이 안 날까? 불가사의하다).

사실 술을 잘 통제하고 술에 끌려가지 않는 정도만 돼도 당신의 통제력은 합격점이다. 인생에서 그만큼 위험에 노출될 가능성이 줄어든다. 술이란 술술 잘 들어간다는 뜻에서 '술'이고 안주는 술이 아니라는 뜻에서 '안주'라는 우스갯소리가 있지만, 술을 마셔서 일이 술술 잘 풀리는 경우가 있는 반면에 술술 추락하는 수도 있다는 점을 확실히 인식하고 술자리에 임해야 한다. 잘나가던 검사가 옆자리에 앉은 여직원에게 추한 모습을 보여 추락한 것도 술 때문이고, 평소에 점잖던 어떤 판사가 택시 기사를 폭행하여 문제가 된 것도 결국은 술 때문이다. 술기운에 여성 비하의 발언을 해 곤욕을 치른 국회의원도 기억날 것이다. 남성만 그런 것이 아니다. 여성 직장인이 술자리에서 호기를 부린 건 좋은데, 그로 인해 이미지가 형편없이 추락하고 다음날 가슴 치며 후회한 일도 있을 것이다. 그뿐인가? 작게는 술을 마신 탓에 배포가 커져서 술값을 통 크게 계산하고는 다음날 아침에 가슴을 치며 후회하는 날도 있을 것이다. 가슴에 담아두었던 불만을 술의 힘을 빌려 배짱 좋게 상사에게 쏟아냈다가 다음날 후회막급했던 일도 있으리라. 하여튼 술이 웬수다.

술자리의 자기 통제

이렇게 자칫하면 당신을 추락하게 할지 모르는 술자리지만 사회생활에서 그것을 피하기는 어렵다. 따라서 술자리를 하게 될 때는 꼭 기억할 사람이 있다. '오바마'와 '셰익스피어'다. 이것은 내가 만들어 페이스북에 올렸던 것이다. 이름하여 '조관일 버전'이다.

첫째, 절대 오바(오버)하지 말 것. 주량을 오버해서 마시지 말고, 성질 급하게 계산을 먼저 해서 오버하지 말고, 술기운에 2차를 가는 오버 하지 말고, 배짱 좋게(?) 상사를 욕하는 오버 하지 말고……, 하여튼 오버하지 마라.

둘째, 섹스는 피할 것. 즉 성희롱에 휘말리지 않도록 이성 간의 거리를 조심하고 말조심하고 두 손 묶어두기를 권한다. 하여튼 '섹스피어(셰익스피어)'다.

술 마실 때마다 오바마와 셰익스피어만 생각하면 만사 OK!! 후유증 없는 즐거운 술자리가 될 것이다.

어떤가? 이름으로 장난을 좀 했지만 오바마와 셰익스피어도 충분히 양해할 것이다. 자기들의 이름으로 인하여 수많은 사람들이 술로 인생이 파탄 나는 것을 미리 막을 수 있게 됐으니까.

이왕에 술 이야기가 나왔으니 한 가지 더 가르쳐드리겠다. 거울을 활용한 자기통제법이다. 이름하여 '거울 활용법'.

미국에서 선풍적 인기를 끈 《신념의 마력》의 저자 클라우드 브리스톨Claude M. Bristol이 어느 백만장자의 만찬에 초대됐을 때다. 그 백만장자가 손님들로부터 많은 잔을 받아 결국 만취했다. 몹시 취한 그가 침실 쪽으로 비틀거리며 가자, 그것을 목격한 브리스톨은 그 백만장자를 도와주려고 침실 쪽으로 걸어갔다. 그런데 백만장자는 브리스톨이 지켜보고 있는 줄도 모르고 거울 속을 들여다보며 뭔가 열심히 중얼거리는 것이었다.

"존(자신의 이름), 넌 왜 이러는 거지? 손님들이 널 취하게 만들어놓고 재미있어 하는 거야. 저서는 안 돼. 취해 있으면 안 돼. 넌 조금도 취하지 않았어. 자, 벌써 다 깼잖아. 오늘은 네가 주인이야, 존. 제발 취해선 안 돼."

이렇게 되풀이 자기 암시를 하면서 바른 자세를 되찾은 백만장자는 단정한 모습으로 연회석에 돌아와 새로운 사업 계획을 초대된 손님들에게 흔들림 없이 이야기하더라는 것이다(다고 아키라,《심리학 콘서트》, 장하영 옮김, 스타북스, 2006).

이 글을 읽고 나는 놀랐다. 그 글을 읽기 오래전부터 나도 '거울 앞에서 자기에게 암시를 거는 방법'을 곧잘 활용해왔기 때문이다. 사람은 결국 비슷한 생각을 한다. 나는 술이 취했다 싶으면 음식점의 화장실에서 거울 속의 나를 보고 이렇게 주문을 건다. "이 정도 갖고 뭘." "금방 깰 거야." "절대 흐트러진 모습을 보이지 마라." "아직까지 실수한 것은 없지?"

그동안 비밀로 했던 나의 천기를 누설하는 것인데 당신도 활용해보기를 권한다.

어쨌거나 항상 술을 조심할지어다.

(나의 책《멘탈리허설》중에서.)

자기혁신이란 이런 것

어느 병원에서 고객만족경영cs을 대대적으로 실시할 때의 일이다. 젊은 여성 CS 전문가를 배치하고 그녀로 하여금 최고로 친절한 병원을 만들도록 임무를 부여했다. 그녀는 친절하기로 소문난 주요 병원을 벤치마킹하면서 심혈을 기울여 CS 계획을 세우고 추진하였다.

그러다 상당한 난관에 봉착했다. 특히 병원 종사자 중에서 CS의 중심축이 돼야 할 의사들이 잘 움직여주지 않았던 것이다. 속으로 '웬 CS?'라며 시큰둥했을지도 모른다. 그렇다고 젊은 신입사원이 의사들에게 CS를 강제할 수도 없는 것 아닌가?

그나마 그녀가 헌신적으로 일했기에 병원의 분위기가 조금씩 달라지고 있었다. 그러던 어느 날, 그녀는 아직 결함이 있다고 생각되는 여의사를 찾아갔다. 진정으로 그 의사를 위해 조용히 진언을 하고 싶어서다. 그 여의사는 치료를 잘하기로 소문난 의사로 환자가 밀려들어 바빠서인지는 몰라도 무표정하고 무뚝뚝한 게 흠이었던 것이다.

CS 담당 직원은 용기를 내어 조심스런 어조로 의사에게 말을 건넸다.

"선생님, 환자들이 선생님을 '명의'라며 좋아합니다. 그런데 잘 안 웃으시니까 접근하기가 겁난다는 분들도 계시더군요."

사실 CS 담당자가 의사에게 그런 말을 하는 것은 쉬운 일이 아니다. 자칫하다가는 "건방지게 어디에다 대고?"라며 거부당할 수도 있다. 그녀의 말을 듣고 여의사는 말없이 고개만 끄덕였다. 담당자는 방을 나서면서 괜히 의사의 자존심만 건드린 건 아닌지 은근히 걱정이 됐다.

며칠 후, 그 CS 담당자는 다른 볼일이 있어서 그 여의사를 만나야 했다. 진료실에 들어서니 의사가 잠시 자리를 비운 상태였다. 의사를 기다리며 방에서 서성이던 그녀는 여의사의 진료용 컴퓨터를 보고 깜짝 놀랐다. 컴퓨터 화면 언저리에 붙어 있는 노란색의 포스트잇을 봤기 때문이다. 거기에는 이런 글귀가 쓰여 있었다.

"조그만 더 웃는 얼굴로 상냥하게!"

자기경영이란 자기를 바꾸는 것이다. 자기혁신이다. 자기혁신은 아름다운 것이며 때로는 위대하다. 이 험난하고 사방에 위험이 도사리고 있는 세상을 바꿀 수 없다면 그나마 가장 쉬운 방법은 자기를 바꾸는 것이다.

만일의 상황에
대비하라

총리 후보자가 청문회를 통과하지 못하고 낙마하는 등 개각이 진통을 겪고 있던 때, 나는 강의를 하다가 이런 농담을 했다.

"요즘 총리감 구하기가 그토록 어렵다는데, 이러다가 저에게까지 차례가 올까 봐 걱정이 돼서 잠을 설칩니다."

사람들이 깔깔대며 웃어줬다. 아닌 게 아니라 문득, '나에게 총리나 장관을 하라는 제의가 오면 어떻게 될까?' 상상한 적이 있다(상상으로야 무엇을 못하랴). 그리고 내가 청문회 대상이 되면 무엇이 걸릴지 생각해봤다. 가장 먼저 떠오른 것이 석사논문이었다. 께름칙하다. 나의 논문이 표절인지 아닌지 모르겠기 때문이다(아니라고 확신하지만).

솔직히 4반세기 전, 직장생활을 하면서 야간 대학원을 다닌 사람들에겐 표절이라는 의식 자체가 없었다. 지도교수가 지도를 해주면 별생각 없이 충실히 그에 따랐을 뿐이다. 논문의 방향과 얼개에 따라 이런저런 첨삭을 해주고, 참고해야 할 문헌을 알려주면 시키는 대로 따르는 게 제자로서의 예의(?)였고 관행이었고 현실이었다(내가 공부한 대학원만 그랬나?).

244

"그러기에 논문표절에 대하여 청문회를 하려면 학생이 아니라 지도교수를 불러서 따져야 합니다."

나의 진담 같은 농담에 사람들은 또 폭소를 터뜨렸다. 농담은 그만하고 본론을 이야기하겠다. 우리 사회의 주요 화두의 하나가 윤리다. 그리고 분명한 것은 이제 기준이 예전과 다르다는 사실이다. 매우 엄격해졌다. 빠져나갈 구멍이 매우 좁다. 관행이라는 이름으로 변명할 수도 없다. 빨리 환골탈태하여 윤리로 무장하는 것만이 바뀐 세상에 적응하는 길이다.

나는 총리나 장관이 될 사람이 아니니까 상관없다고?

세상살이를 속단하지 마라. 운명이 당신에게 어떤 형태로 다가올지 모른다. 흔히들 꿈꾸면 이루어진다고 하지만 인생은 꿈꾸지 않았던 행운과 예상치 못했던 불행으로 점철된다. 그렇기에 평소에 행운을 맞을 준비를 하고 불행에 대비해야 한다. 자고로 유비무환이라고 했다. 항상 처신을 조심하여 만일의 상황에 준비하는 것이 지혜롭다. 꼭 그렇게 해야 지속 가능하다.

디테일이 모럴이다

세상살이가 복잡하기에 언제 어떤 일이 벌어질지 모른다. 유비무환이란 언제 일어날지 모르는 불확실성에 대비하는 것이다. 더구나 요즘의 직장 생활은 도처에 위험이 도사리고 있다. 그리하여 상상조차 하지 못했던 일이 벌어지고 예상치 못했던 불행으로 도중에 사라지는 수가 많다. 그렇기에 상상력을 최대한 발휘하여 불의의 일에 대비해야 한다. 그러려면 지독할 정도로 꼼꼼하고 세밀해야 한다. 그것이 프로의 자세요, 위기의 시대를 사는 직업모럴이다.

영동고속도로 대관령에 있는 휴게소에서의 일이다. 12월의 그날은 진눈깨비가 내리고 있었고 땅은 미끄러웠다. 나는 뜨거운 커피 한 잔을 들고 휴게소의 건물 처마 밑에서 진눈깨비를 피하며 밖을 내다보고 있었다. 그때 관광버스 서너 대가 주차장에 들어섰고 출입문이 열렸다. 그러자 어린 학생들이 우르르 쏟아져 나왔다. 짐작컨대 초등학생들이 수학여행을 가는 도중이었던 것 같다.

한 무리의 학생들이 진눈깨비를 맞지 않으려는 듯 휴게소를 향하여 뛰어들었다. 그런데 맨 앞을 달리던 아이가 건물 입구의 대리석 바닥에 미끄러지면서 나동그라지는 것이 아닌가. 머리를 부딪쳤는지 그 녀석은 얼굴을 감싸고 잠시 일어나지 못했다.

저런! 그때 나의 머리에 퍼뜩 떠오른 것은 미안하게도 그 꼬마 녀석의 상태가 아니었다. '인솔 교사가 누구일까?'하는 것이었다. 왜냐고? 만약 그 아이가 불행히도 사망에 이른다면 어떤 일이 벌어질까? 아마도 불똥이 인솔 교사에게 튈 것이다. 휴게소에 들러 아이들이 차에서 내리기 전에, 진눈깨비가 내리고 바닥이 미끄러울 것이니 절대 뛰지 말라고 안전 교육을 시켰는지 아닌지를 따질지 모른다. 그리고 부모의 항의가 거세지면 거세질수록 교사가 사표를 제출하는 사태로 발전할 수 있다.

평소에는 작은 에피소드가 될 수 있는 일도 큰 사고가 되면 문제가 달라진다. 그것이 도화선이 되어 정말 엉뚱한 사건으로 비화된다. 아이 한 명의 실족이, 수학여행은 어떤 경비로 갔으며 여행사로부터 돈을 받은 것은 없었는지 등등 전혀 엉뚱한 방향으로 말이다.

2016년 여름, 전남의 어느 바다에서 천여 명의 선수들이 참가한 가운데 1km를 헤엄치는 수영대회가 열렸다. 그런데 수영 도중에 두 사람이 탈진하여 끌려나왔고 병원으로 옮겼으나 그만 숨지고 말았다. 대회를 주최한 쪽에서는 안전 관리를 위해 대회 구간에 제트 보트와 카약 등 27척의 배와 안전 요원 78명을 배치하였단다. 또한 안전 관리선 외곽에는 해경이 다른 선박의 출입을 통제하였고 경비정 2척을 비롯한 순찰정, 구조대 보트 등 4척의 배를 동원하여 만일의 사태에 대비하였다.

어떤가? 어마어마한 사전 대비를 한 것 같은가? 그러나 막상 사고가 나자 그런 규모의 대비는 말짱 헛일. 조사가 시작되자, 수영을 하기 전에 준비운동을 하지 않은 것부터 걸려들었다. 또한 수영을 하는 그룹별로 충분한 시간 간격을 두지 않고 출발시킨 것도 문제가 됐다. 그뿐이 아니다. 여름철에는 정오가 넘고 수온이 27도 이상이면 수영을 하지 말아야 하는데, 그날은 낮 12시가 넘어 30도 이상의 무더위였는데 대회를 강행했다고 따지게 됐다. 또한 천여 명이 참가하는 대회에 구급차가 1대뿐이었다는 것도 지적이 됐고(연합뉴스, 2016. 8. 7.).

세상은 그런 것이다. 제아무리 준비를 철저히 했다고 해도 털면 털리고 헤집어 파면 허점이 보인다. 그 사고로 인하여 몇 사람이 문책을 당했는지는 모르겠다. 다만 이런 사례를 통하여 배울 것이 있다. 무엇보다도 디테일이 직업모럴이라는 사실이다.

그날 사고만 없었다면 주최 측은 대회가 끝난 후 성과를 자축하며 싱싱한 회에 소주를 곁들이는 파티를 즐겼을 것인데 말이다.

자기경영이든 기업경영이든 디테일이 승부처다. 따라서 황당한 사건으로 황당한 일을 당하지 않으려면 지독할 정도로 꼼꼼해야 한다. 상상할 수 있는 모든 상황을 다 상정하고 그에 대비해야 한다. 성공과 실패, 행복과 불행은 1%의 극히 사소한 차이에서 출발한다. 이러한 1%의 차이를 베이징 대학교 디테일경영연구센터장 왕중추汪中求는 '디테일의 힘'이라고 했다(왕중추,《디테일의 힘》, 허유영 옮김, 올림, 2005). 1%의 작은 차이로 당신의 운명이 바뀔 수 있음을 잊지 마라.

성윤리에
대하여

　　이 장을 마무리하면서 아무래도 성윤리의 문제
를 다뤄야겠다. 직장 내에서 그 문제로 졸지에 몰락하는 사례가 비일
비재하기 때문이다. 더욱이 요즘은 그런 뉴스가 이틀이 멀다 하고 줄
기차게 터지고 있다. 현직 판사가 성매매에 걸려드는가 하면, 그보다
더 높은 이가 성욕을 제대로 관리하지 못했다가 나라를 떠들썩하게
만들기도 했다.

　성과 관련하여 세상 돌아가는 것을 보면 갈피를 잡기 힘들다. 세시
풍속이 날로 정신없이 진화(?)한다. 자유분방해졌다. 여름철 거리를
거니는 여성들의 옷차림 하나만 봐도 알 수 있다. 자유분방은 자연스
럽게 성문화의 흐트러짐에 영향을 미친다. 섹스가 범람하고 오버할
분위기다. 의사, 교수 등 상위층의 전문직들이 그룹 섹스를 하는가 하
면 고시 합격으로 장래를 촉망받던 엘리트가 근무 중에 성매수를 하
다 '개창피'를 당했다.

　얼마 전, 노후 문제를 다루는 월간 〈헤이데이〉에서 '2016 한국판 킨
제이 보고서'라는 것을 발표했는데, 그것을 보면 20대 이상 남성들의
외도 경험이 53.7%, 여성이 9.6%에 이른다고 했으니 성개방의 현주소

를 알 수 있을 것이다(그러나 실제로는 훨씬 더 많을 것이다. 설문서를 메일로 받았기에 비밀이 탄로날까 봐 실제보다 축소해서 응답할 개연성이 커보였다).

자유로운 성에 대한 환상

서양은 말할 것도 없다. 이번에 당선된 미국의 트럼프Donald Trump 대통령만 봐도 성추행과 화끈한 음담패설로 막판에 곤욕을 치렀다. 그러나 그것도 프로농구NBA의 전설적인 스타 매직 존슨Magic Johnson에 비하면 '새 발의 피'다. 에이즈에까지 걸렸던 매직 존슨은 2만 명의 여성과 잠자리를 했다고 고백했으니까. 그러자 '코트의 악동'이라는 데니스 로드맨Dennis Rodman도 이에 질세라 "그 정도는 나도 했다."고 해서 사람들을 경악시켰다(분명히 말하는데 이런 주장들은 허풍이다. 존슨이 그렇게 너스레를 떨었을 때가 42세였으니 '셈본'을 해보면 불가능한 숫자임이 금방 탄로 난다).

미국의 농구 선수는 그렇다 치고 프랑스로 넘어가보자. 공식적으로 결혼한 적이 없는 올랑드Francois Hollande 대통령은 2007년 대선에서 사회당 후보로 출마했던 세골렌 루아얄Segolene Royal과 동거하며 네 자녀를 낳았지만 대선 직후 헤어져 파리마치 기자 출신인 트리에르바일레Valerie Trierweiller와 다시 엘리제 궁에서 동거에 들어갔는데, 점입가경인 것은 정열을 참지 못하고 야밤에 대통령 궁을 빠져나와 여배우 줄리 가예트Julie Gayet와 밀회를 즐겼다는 것이다. 그 바람에 트리에르바일레는 충격으로 입원을 하고. 하기는 트리에르바일레도 대단한 여성으로 그녀는 젊은 날 동료 기자와 결혼한 상태에서 당시 사회당 사무총장

250

이었던 올랑드 대통령과 파트릭 드브쟝 전 장관과 동시에 교제했다는 내용의 전기가 발간됐을 정도다. 피장파장이요, 뭐가 뭔지 모르겠다.

하기는 프랑스의 문화가 사생활을 보장하는 터라 프랑수아 미테랑Francois Mitterrand 전 대통령은 대통령 재임 중에 미술사학자인 안 팽조와 연애를 지속해 딸 마자린을 낳았고, 니콜라 사르코지Nicolas Sarkozy 전 대통령도 2007년 대선 선거 운동 중 전 부인 세실리아와 혼인관계를 유지하면서 가수 카를라 부르니Carla Bruni와 밀애를 해 결국 취임 직후 전 부인과 이혼하고 부르니와 결혼했으니 역사와 전통에 빛난다 하겠다(경향신문, 2014. 1. 13.). 어쨌거나 굉장히 헷갈린다.

세상이 이러니 나도 한번 해봐? 착각하지 마라. 세상은 두 방향으로 진화하고 있다. 하나는 완전한 자유를 향하여, 다른 하나는 거꾸로 세밀하고 엄격한 통제와 감시로 말이다. 프리섹스를 누리는 것은 좋지만 그것이 당신 인생의 '프리'를 보장하지 못한다. 족쇄가 되는 수가 많다. 때로는 단두대의 시퍼런 칼날이 된다. 상황과 상대방에 따라서 말이다.

'상황과 상대방'이란 바로 그것이 사적인 것이냐 아니냐를 말하는 것이다. 원래 성에 대한 문제는 개인적인 것이요 사적인 것이다. 자기들끼리 좋아서 그런다면 구태여 국가가 나서서 관리할 필요는 없다.

그런데 성이 성으로 끝나지 않고 부정비리와 이권 관계로 연결되는 수가 많기에 문제가 된다. 소위 성접대라는 것 자체가 갑과 을 사이에 나타나는 성거래요, 대가성이 개입했다는 것을 의미한다. 이렇게 되면 차원이 달라진다. 개인적인 성이 아니라 공적인 성으로 둔갑한다. 그렇게 되면 당연히 국가가 나서서 관리하게 될 것이다.

따라서 세태가 자유분방해지고 프리섹스의 시대가 됐다고 해서 괜한 핑크빛 꿈을 꾸지는 말기를 권한다. 더구나 당신은 미국 국민도 아니고 프랑스에 사는 것도 아니다. 위대한 '대~한민국'에 살고 있음을 한시도 잊지 말지어다.

착각에서 깨어날 것

경찰서에서 '성인지력향상' 교육을 실시하면서 내게 강의 의뢰를 해왔다. 성인지력향상? 처음엔 이것이 무슨 말인가 했다. 독자들 중에도 이 용어를 처음 들어보는 사람이 있을 것이다. 우선 띄어 읽기를 정확히 해야 한다. '성 인지력 향상'과 '성인 지력 향상'과는 하늘과 땅 차이니까. 물론 여기서는 전자의 경우다.

성인지력향상이란 성 역할에 대한 인식을 제대로 향상시키자는 말이다. 양성평등의 인식을 분명히 하고 언행에서 그것을 실천하자는 이야기다. 그러나 구체적인 내용으로 들어가면 성폭력 예방이 첫 번째 과제다.

경찰 간부가 초년의 여성 경찰관과 함께 근무하다가 그만 성희롱을 한 것이 크게 문제가 됐고, 그 바람에 전체 경찰관들에게 성인지력향상 교육을 하라는 지시가 떨어진 모양이다. 언제나 그렇듯이 윤리·도덕에 관한 문제는 한두 사람의 탈선으로 인하여 그 직장의 모든 종사자가 훈계를 들어야 하는 경우가 많다.

남성과 여성이 어울리다 보면 이성 문제가 발생한다. 이건 인간 세상의 보편적 현상이요 필연적 상황이다. 그러나 사적인 남녀 간의 문제는 국가가 나서서 관리할 것이 못 되지만 성폭력에 이르면 문제는 달라진다. 그건 분명히 폭력이요 범죄 행위다. 왜냐하면 상대방의 의사에 반해 이뤄지는 가해 행위니까.

성폭력은 성희롱이나 성추행, 성폭행을 말한다. 성추행과 성폭행은 확실한 범죄니까 그렇다 치고, 성희롱에 이르면 애매모호한 경우가 많다. 그래서 성희롱으로 걸려든 사람을 보면 안타까운 생각이 들 때도 있다. 멀쩡한 고위직의 상사가 부하 여직원에게 쓸데없이 진한 농담을 했다가 어렵게 쌓아올린 출세의 공든 탑이 무너지는 경우를 보면 더욱 그렇다.

이쯤에서 남녀 간의 성 심리를 확실히 이해해둘 필요가 있다. 그리하여 착각으로 평생을 망치는 일이 없도록 해야 한다. 이성을 대하는 성 심리는 복잡미묘하다. 특히 남성은 성적 동물이라는 점을 알아야 한다.

미국의 저명한 여류 심리학자 조이스 브러더스Joyce Brothers 박사는 남성과 여성의 성적 차이를 적나라하게 밝혔다. 그녀에 의하면 남자는 하루 종일 섹스만 생각하는 동물이라고 했다.

"남자는 여자의 상상을 훨씬 초월해서 섹스를 생각하고 꿈꾸며 몽상한다. 조사에 의하면 35~40세가 될 때까지 정상적인 남자는 한 시간에 여섯 번 정도 섹스를 생각한다고 한다. 하루 종일 섹스가 머릿속을 맴돌고 있는 셈이다. 40대가 되면 30분에 한 번 정도, 50대 중반을 넘어서면 한 시간에 한 번 정도다. 적어도 여성보다 3배 이상 섹스를 꿈꾼다."(《여성동아》, 1983년 8월호 별책 부록.)

이런 이야기를 들으면 여성들은 "설마……."할 것이다. 자신의 남편을 증거로 내세우며 항변하는 여성도 있을 것이다. "우리 남편은 전혀 아니던데……."라고. 그러나 남성들의 반응은 다르다. "정확히 꿰뚫었군!"이라며 내심 감탄할 것이다. 특수한 경우를 제외하고 남성들은 일반적으로 브러더스 박사가 지적한 대로다. 안 그런 척 내색을 하지 않을 뿐이다. 특히 자신의 아내 앞에서는 더욱 더. 그런 의미에서 어린 시절에 어머니가 딸들에게 "남자는 모두 늑대"라고 가르친 것은 매우 탁월한 '성 인지력 향상 교육'이었던 셈이다.

자, 그렇다면 성 인식과 관련하여 남성과 여성은 직장 생활을 어떻게 해야 할까? 무엇보다도 착각에서 벗어나야 한다. 먼저 여성의 착각이다. 남성의 특성을 분명히 깨닫고 남성의 성적 호기심이나 성적인 접근을 친절이나 세심한 배려로 착각하지 말아야 한다는 것이다. 남자는 성적 동물이요 늑대라는 점을 깊이 인식하고 항상 경계심을 갖고 인간관계를 유지해야 한다.

다음으로는 남성의 착각이다. 남성들은 여성의 다소곳한 자세나 상냥한 친절을 자기를 좋아하는 것으로 착각한다. 그래서 성적으로 찝쩍거려도 괜찮을 것으로 생각하는 것이다. 이것이 결국 잘못된 판단이요, 그로부터 결정적 실수를 하게 된다. 성적으로 '아차!' 하면 나락으로 떨어진다. 순간의 선택이 10년을, 아니 노후의 연금까지 좌우한다.

따라서 성 인식에 있어서 특히 남성들은 이성을 대할 때 제발 이성을 잃지 말고 냉정하게 이성적이 돼야 한다. 상대를 이성으로 대할 것이 아니라 동등한 직장 동료나 부하로 인식해야 한다는 말이다. 그런 의미에서 '성 인지력 향상'은 '성인 지력 향상'과 일맥상통할 것 같다.

제7장

윤리와 조직문화

– 원칙 중심의 문화를 만들자

ETHICAL WISDOM

지금까지 윤리와 직업모럴에 대하여 여러 항목에 걸쳐 다루어봤다. 이제 마지막에 이야기할 것은 조직문화와 윤리에 관한 것이다. 앞에서 미국 샌프란시스코 리츠칼튼 호텔의 청소부 버지니아 아주엘라의 사례를 보았다. 그녀는 필리핀에서 미국으로 건너와 홀리데이인 호텔의 청소부를 시작으로 여러 호텔을 전전하다가 리츠칼튼 호텔로 온 사람이다. 그런데 왜 이전의 호텔에서는 '역사'를 만들지 못했던 그녀가 리츠칼튼 호텔에서는 '역사'를 만들어냈을까? 평범했던 그녀가 미국의 신지식인이 될 수 있었던 것은 무슨 까닭일까? 교육의 힘이라고? 그럴 수도 있겠지만 내가 꼽는 요인은 그 호텔의 조직문화다.

　사원들이 윤리적 행동 규범을 준수하며 스스로 자신의 일에 최선을 다해 직업인으로서의 모럴을 갖추는 것은 개인의 역량이기도 하지만 오히려 더 중요한 것은 그 회사의 문화요 풍토요 분위기라고 본다. 따라서 윤리경영이든 사원의 직업모럴이든 그것이 제대로 발휘되고 또한 지속되려면 궁극적으로 윤리경영의 문화가 정착되어야 함은 물론이다.

조직문화가 그렇게 중요함에도 불구하고 우리들은 '말 따로 실행 따로'다. 조직문화의 중요성을 말하지 않는 사람은 없다. 그런데 실상은 어떤가? 취업포털 인크루트가 직장인을 대상으로 설문조사한 것을 보면 '회사가 가장 먼저 도입해야 할 조직문화'로 경청의 소통 문화와 투명한 윤리경영의 문화를 1, 2위로 꼽았는데 60%의 직장인들이 기업문화의 변화를 체감하지 못한다고 했다(뉴스투데이, 2016. 11. 3.). 당신의 회사는 어떤지 궁금하다.

윤리를 조직문화의
바탕으로 삼자

강의를 해보면 그때마다의 트렌드가 있다. 그런데 요즘 갑자기 늘어난 강의 요청이 조직문화에 관한 것이다. 교육 담당자에 따라 사용하는 용어는 조금씩 다르다. 어떤 이는 "조직문화를 강의해달라."고 하고, 어떤 이는 '직장문화' 또는 '기업문화'라는 용어를 사용한다.

직장문화, 기업문화, 조직문화는 논자에 따라 조금씩 다르게 구분하지만 골치 아프게 여기서는 따지지 않겠다. 그리고 용어도 조직문화로 통일하겠다. 기업이나 직장이 바로 조직이며, 또한 기업 전체가 아닌 사업본부 같은 팀도 조직이라는 측면에서 조직문화가 더 포괄적이라고 보기 때문이다.

문화란 매우 아리송한 단어다. 문화인류학자들이 내린 문화의 정의만도 175개를 넘는다고 하니 사정을 알 만하다. 그러니 조직문화에 대하여 논하자면 두꺼운 책으로 한 권이 훨씬 넘을 수 있다. 조직마다 문화가 다르고 그 범위 또한 다양할 것이기 때문이다.

조직문화란 쉽게 표현하면 조직풍토가 되겠다. 이러면 금세 느낌이 온다(학자들은 이 두 용어도 같은 것이 아니라고 한다. 조직풍토는 잠정적이고 변화하기 쉬운 것인데 조직문화는 지속적이고 변화에 대하여 저항적이라는 것이다. 즉 날씨와 계절의 차이와 같다고 한다).

조직문화의 중요성은 새삼 강조할 필요도 없다. 세계적인 경영사상가인 말콤 글래드웰Malcolm Gladwell의 《아웃라이어》에는 〈비행기 추락에 담긴 문화적 비밀〉이라는 장이 있는데 가장 먼저 등장하는 사례가 대한항공의 것이다. 1997년 8월에 220여 명의 생명을 앗아간 괌 추락사고가 그것이다. 말콤 글래드웰은 그 추락 사고의 원인을 다루면서 기장과 부기장 사이의 의사소통 문제를 중요한 요소로 꼽았고, 소통이 안 된 원인은 '상하 간에 경직된 유교적 서열 문화'에 있다고 했다.

그런데 이 문제는 대한항공만의 문제가 아니다. 우리나라 거의 모든 기업의 공통된 풍토요 분위기며 문화다. 얼마 전, 〈허핑턴 포스트 코리아〉의 보도에 의하면 우리나라 직장인 6명 중 1명(15.7%)이 회사에서 상사, CEO, 임원으로부터 장난을 빙자한 꼬집힘을 포함하여, 밀침, 서류 등의 도구로 맞음 등을 경험했다고 하니 우리들의 직장 분위기를 알 만하지 않은가?

문화의 중요성을 통찰한 선진 글로벌 기업에서는 요즘 최고 문화 책임자CCO: Chief Culture Officer를 둘 만큼 훌륭한 조직문화를 만들려고 노력한다. 심지어 "빼어난 최고 문화 책임자 한 사람을 영입하는 것이 고위 임원 여러 명을 충원하는 것보다 낫다."고 할 정도다.

최고 문화 책임자를 두어 성과를 올린 대표적인 기업이 구글이다. 구글은 테니스 선수 출신으로 버클리 대학을 나온 스테이시 설리번Stacy Sullivan을 초대 최고 인적자원 책임자로 스카우트하고 2006년에 첫

CCO를 겸임하게 했다. 그녀는 문화클럽을 조직하고 그 클럽이 구글의 문화를 선도하게 하는 등 여러 조치를 단행하여 '직원이 행복해야 생산성이 최고'라는 구글의 기업문화를 구축함으로써 구글의 경쟁력을 크게 높였다는 평가를 받고 있다.

이렇듯 글로벌 기업들이 조직문화를 관리하는 것은 시대의 변화가 급속한 가운데 언제 어떤 위기에 직면할지 모르는 상시 위기의 시대를 극복하기 위한 생존 수단의 하나다. 따라서 조직문화를 만드는 데 있어 가장 신경을 써야 할 부분이 바로 건전한 직업모럴, 윤리와 도덕적 문화를 조성하는 것이다. 직업모럴이나 윤리 등이 조직문화로 정착되지 않고는 결국은 사상누각이 될 것이다.

(2015. 9. 6. 〈한국금융신문〉에 기고한 칼럼 중에서)

재택근무는 윤리근무다

우리나라에도 재택근무의 바람이 불고 있다. 삼성전자와 LG전자 등 제조업 회사에서 일하는 시간을 자유롭게 선택하는 유연근무제를 속속 도입하고 있는 가운데 보수적인 은행권에서조차 신한은행을 시작으로 재택근무제를 도입하고 있다. 재택근무에 대하여는 찬반양론이 팽팽하지만 어쩔 수 없는 대세가 될 것임에 틀림없다.

미국의 포춘 지로부터 '2013 올해의 기업인'으로 화려하게 등장했던 야후의 CEO 마리사 메이어_{Marissa Ann Mayer}는 야후병을 일소하기 위해 재택근무를 폐지함으로써 논란에 불을 지폈다. 한참 일해야 할 낮 시간에 회사 주차장과 사무실이 텅텅 비어 있는 것을 보고 충격을 받은 것이 재택근무를 없애버린 배경의 하나라고 했다. 또한 별다른 감시와 감독이 없이 집에서 '알아서' 일을 하다 보니 회사의 일보다 자신의 일에 집중하는 바람에 생산성이 낮다는 것도 이유로 꼽혔다(그후 야후의 경영 실적이 좋지 않아 메이어가 퇴장함으로써 그의 주장도 퇴색됐지만).

그럼, 어떻게 하면 재택근무를 성공시킬 수 있을까? 그 명칭이야 재택근무든 자율근무든 유연근무든 스마트 근무든 간에, 그것의 성공 여부는 딱 하나에 달려 있다. 개인의 양심에 달려 있다. 그럼 어떻게 개인의 양심을 통제할 수 있는가? 그것은 바로 직업모럴과 윤리·도덕의 조직문화를 형성하는 것이다. 그런 의미에서 재택근무는 윤리근무다.

프로페셔널은
문화로 뒷받침돼야

세계적인 테마파크 디즈니랜드. 잠시 디즈니랜드라는 이름을 음미해보자. 이름만 떠올려도 꿈같은 환상의 동네가 상상될 것이다. 이 자체가 매우 중요하다. 그런 분위기는 그곳에 근무하는 사람들에게 알게 모르게 동화 속 주인공 같은 자부심을 갖게 한다. 그리고 그 자부심은 행동으로 표출된다. 결국 선순환의 사이클을 만들어낸다.

캘리포니아 주 애너하임의 디즈니랜드는 최근 세계 각국에서 밀려드는 관광객으로 비명을 지르는 상황인데 급기야 손님을 덜 오게 하려는 목적에서 입장료 인상의 카드를 빼들었을 정도다. 돈을 더 벌려는 꼼수라고? 그것이야말로 디즈니에 대한 모욕이다.

창업자인 고故 월트 디즈니Walt Disney 회장은 "디즈니 성공의 진정한 비밀을 알고 싶은가? 그 비밀은 디즈니가 돈을 벌려고 노력한 적이 없다는 것이다. 우리가 파는 것은 행복이다."라고 말했다. 그곳을 찾는 이들에게 행복을 주겠다는 목표가 설정되는 순간 모든 게 달라진다.

잘 알려진 대로 그곳에서는 모든 직원을 캐스트cast라고 부른다. 배우라는 말이다. 네이밍이 중요한 것은 그들이 배우라면 일터는 당연히 무대가 된다. 따라서 고객을 직접 상대하는 안내원에서부터 청소부 등 모든 직원이 디즈니랜드를 무대로 고객에게 즐거움과 행복을 주려고 노력하는 배우로 행동한다. 그들은 일을 하거나 근무를 하는 게 아니라 맡은 배역에 따라 예술적 차원의 연기와 쇼를 보여주는 것이다.

그들이 어떻게 쇼, 아니 예술(연기나 쇼라고 하니까 왠지 가식의 나쁜 의미로 받아들일 것 같아 예술이라고 표현하겠다)을 하는지는 글로써 설명이 잘 되지 않는다. 설명은 되겠지만 느낌이 오지 않는다. 그러므로 글로써 설명을 듣기보다는 정말이지 동영상을 봐야 느낌이 확실히 다가온다. 영감이 떠오를 것이다. 글 읽기를 중단하고 꼭 챙겨 보기를 권한다.

https://www.youtube.com/watch?v=62USrmpuCWA
https://www.youtube.com/watch?v=dAvCLXYuVyY

동영상을 보지 않고 건너뛸 독자를 위하여 하나만 예를 들어보겠다. 커스토디얼Custodial이라 불리는 청소부들은 청소를 하는 도중에도 마주치는 고객들의 눈을 즐겁게 하기 위해 쓰레받기에 물을 담아 빗자루로 미키 마우스와 도널드 덕, 구피 등 디즈니랜드의 유명한 캐릭터들을 즉석에서 바닥에 그려준다. 어린아이들이 좋아라 날뛸 것은 물론이요, 이 그림 쇼의 광경을 찍기 위해 사람들은 연신 카메라를 들이대며 즐거워한다. 행복해한다. 중요한 것은 그럼으로써 그 청소부 역시 행복해진다는 사실이다. 그는 한낱 청소부가 아닌 것이다.

(인사이트, 2014. 5. 6.)

직장의 문화는 직업모럴이나 프로로서의 직업의식을 형성하는 데 이렇게 깊은 연관이 있다. 그러기에 당신네 회사도 어떤 문화를 형성하느냐가 중요하다. 당신네 회사의 문화는 직업모럴에 어떻게 작용하고 있는지 돌아보자.

천박한 문화를
개탄한다

나라를 떠들썩하게 하는 사건이 터질 때마다 – 물론 윤리 문제가 걸린 사건이다 – 자주 등장하는 용어가 있다. 다름 아닌 노블레스 오블리주noblesse oblige다. 너무나 유명한 이 말은 프랑스어로써 '고귀한 신분(귀족)'이라는 노블레스와 '책임이 있다'는 오블리주가 합해진 것이다. 200여 년 전인 1808년, 프랑스의 정치가 가스통 피에르 마르크Gaston Pierre Marc라는 사람이 처음 사용한 것으로 '높은 신분에 상응하는 도덕적 의무'를 뜻한다. 신분이 높을수록 그에 걸맞게 윤리적으로 살라는 것이다.

다시 말해서 그들은 신분이 높아지면 그에 따라 보통 사람들과는 달리 더 엄격한 잣대로 평가된다. 그가 사회적 의무를 다하는지, 윤리적 의무를 다하는지 말이다. 평가뿐만 아니라 그들 스스로가 그러한 의무를 성실히 수행하려고 노력한다. 한마디로 아무나 높아지는 것이 아니다. 말 그대로 '귀족'은 행동을 귀하게 하는 사람들이다.

블레스 말라드

그런데 우리는 어떤가? 당신이 잘 알고 있는 그대로다. 우리는 사회

268

적 신분이 높은 사람들이 오히려 그에 걸맞은 언행을 하지 않음으로써 비난의 표적이 되는 경우를 종종 본다. 일반인들이 그들을 어떻게 생각하고 있는지를 통계로 보여주겠다.

시장조사 전문기업 마크로밀 엠브레인의 트렌드 모니터가 전국의 성인 남녀 1,000명을 대상으로 한국 사회의 노블레스 오블리주에 대한 인식 조사를 한 것을 보면, '잘 실천되고 있다'고 생각하는 시각은 3.9%에 불과하였다. 39%가 아니라 3.9%이다. 반면에 사회 권력층에 속한 사람들이 사회적 책임은 다하지 않고 기득권을 지키는 데만 급급하다는 인식이 지배적인 것으로, 노블레스 오블리주의 실천이 '잘 되지 않고 있다'는 부정적인 평가는 무려 76.6%에 이르렀다(세계일보, 2015. 3. 6.).

배 아픈 억하심정으로 어느 정도 야박하게 평가를 했다고 인정하더라도 이 정도면 평소에 얼마나 실망하고 있는지를 알 수 있다. 노블레스 오블리주는 고사하고 '노블레스 말라드 Noblesse malade' 즉 지도층이 오히려 더 병들고 부패하다는 것이다.

단 하나만 예를 들어보자. 고위 관료들이나 그 자녀들의 병역 의무 이행률이 그것을 웅변한다. 어떤 조사에 의하면 그들 자녀들이 병역 의무를 이행하지 않은 비율이 서민들에 비하여 기의 10배나 높다고 한다. 이 정도 되면 분명히 윤리적 문제가 있다고 할 수밖에 없다. 귀한 집 자녀들이 어쩌면 그렇게 병들고 약골인가 말이다. 군대도 못 갈 정도로. 도저히 이해가 될 수 없는 것이다. 사정이 이러니 국민들이 사회 지도층을 존경하지 않는 것은 당연하다 하겠다.

이것이 우리들의 풍토다. 윤리의 수준을 가늠할 수 있는 우리네 문화(?)다. 그렇지 않은가? 그럼 선진국은 어느 수준인가? 여러 나라를 모두 들먹일 수는 없고 세계에서 가장 청렴하다는 덴마크로 가보자.

선진국에서 배우는 윤리문화

덴마크는 세계에서 가장 청렴한 풍토를 자랑한다. 국가 청렴도 4년 연속 1위(2015년 기준)를 차지했으며 동시에 유엔이 발표한 세계 최고의 행복 국가다. 작은 나라 덴마크를 이처럼 일등 국가로 만든 것은 무엇 때문일까? 비결은 역시 윤리다. 특히 검소하고, 부패가 없고, 평등한 사회를 만든 정치가 그 비결의 중심에 있다.

2016년 6월 KBS스페셜은 〈행복의 나라 덴마크 정치를 만나다!〉라는 프로그램을 방영하여 감명과 함께 충격을 주었다. 국회의원이 중고 자전거로 출퇴근하는 장면도 그랬고, 사무실을 두 사람의 국회의원이 함께 사용하는 장면도 그랬다. 그리고 인터뷰에 나선 사람들의 이야기 하나하나가 부러울 정도로 가슴에 다가왔다.

"덴마크에서는 정치인의 뇌물 수수 및 청탁 사건이 없습니다. 단 한 건이라도 예를 들 수 있는 사건이 없습니다."

정치인이 관련된 뇌물 수수 사건의 예를 들어달라는 요구에 라스 아너슨 대법원 판사가 한 말이다. 놀래라. 하루가 멀다 하고 정치인을 비롯한 고위 관료들의 부정한 사례가 뉴스를 차지하는 우리들로서는 놀랍고 부러웠다. 그런데 덴마크의 오늘이 그냥 된 게 아니다. 원래부터 그랬던 것이 아니라는 것이다.

주한 덴마크 대사가 말했다. "덴마크도 처음부터 청렴한 나라는 아니었다."고. 그런 덴마크가 200년 전 국왕이 최측근이던 재무장관의 비리를 가차 없이 수사해 무기 징역을 선고받게 하면서 부패 척결 분위기가 싹텄다고 한다. 그가 말한 깨끗한 덴마크의 비결은 이랬다.

"비리는 하루아침에 사라지는 게 아니므로 부패를 뿌리 뽑으려면 정치적 결단과 끊임없는 실천이 중요하다."

"법 집행과 처벌이 엄정하지 않으면 공공 기관뿐 아니라 민간에서도 도둑질이 계속될 것이므로 내부 고발자를 보호하는 노력도 끈질기게 해야 한다."

결국 정부와 기업, 비정부기관NGO, 그리고 국민 개개인이 합심한 결과 오늘의 덴마크가 탄생한 것이다. 그럼으로써 비리와 부정이 발붙이지 못하는 덴마크의 깨끗한 문화, 풍토, 전통을 만들어낸 것이다(조선일보, 2014. 12. 5.).

이런 사례에서 우리는 두 가지를 배울 수 있다. 국가를 회사로, 그리고 정치 지도자를 경영층으로 바꾸어 생각해보자. 첫째는 솔선수범과 진정성이다. 국가든 회사든 리더들의 솔선수범과 진정성이 없이 윤리문화를 형성하는 것은 불가능하다. 취업포털 인크루트가 직장인을 대상으로 설문 조사한 것을 보면 직장인들이 기업문화가 바뀌지 않는 이유로 첫손가락에 꼽은 것은 다름 아니라 '경영자의 인식 부재'였다. 나는 '인식 부재'란 설문 항목에 약간의 수식어를 더하고 싶다. '진정한' 인식 부재로 말이다. 왜냐하면 기업문화가 바뀌지 않는 것은 몰라서가 아니라(인식 부재) 기업문화에 대한 진정한 인식이 결여되어 있기 때문이라고 보기 때문이다.

둘째는 청렴한 풍토와 문화는 하루아침에 형성되는 것이 아니라는 것이다. 당연하다. 하루아침에 되는 것이라면 문제가 되지 않을 것이다. 경영자(톱 리더)는 물론이요 구성원들 모두가 윤리에 대하여 뼈저린 자각을 하고 꾸준히 끈질기게 추구할 때 문화라는 이름의 풍토가 조성되는 것이다.

자, 이제 돌이켜보자. 당신의 회사를 점검해보자. 청렴의 문화가 있는가? 원칙을 지키는 풍토인가? 윤리의 조직문화가 있는가? 없다면 만들어야 한다. 경영층만 나무랄 것이 아니라 구성원 모두가 이것의 중요성을 절감하면서 꾸준히 노력해야 한다. 그것이 선진국, 아니 선진 문화를 만드는 요령이다.

신바람 문화를
만들라

여러분의 회사는 어떤 조직문화를 구축해야 할까? 한마디로 정답이 없다. 기업마다 사업이 다르고 추구하는 바가 다르고 여건이 다르기 때문이다. 구글의 최고 인적자원 책임자CHRO이자 인사담당 수석 부사장인 라즐로 복Laszlo Bock이 그의 책《구글의 아침은 자유가 시작된다》에서 언급했듯이 좋은 회사를 만드는 데는 여러 가지 길이 있으며 "직원에게 자유를 많이 주고 성공한 회사도 있고 자유를 적게 주고 성공한 회사도 있기" 때문이다.

그러나 한 가지 분명한 것은 윤리나 도덕을 강조한다고 해서 경직되고 고리타분한 분위기를 상상하면 안 된다. 엄격하게 법규와 원칙을 지켜야 된다고 법정의 으스스한 분위기를 만들자는 것이 아니다. 오히려 신바람 나는 조직문화를 만들어야 한다. 그래야 직원들이 행복하고 일하는 것이 즐거우며 창의가 발동함으로써 경쟁력이 강화되어 결국은 좋은 회사를 넘어 훌륭한 회사Good to Great가 될 것이니까. 그런 풍토여야 직업의식이 확립되고 프로근성이 활개를 치게 될 것이다.

잘 알다시피 우리에게는 신바람의 DNA가 있다. 신바람이 민족의 원형이요 정체성이며 민족의 역사를 움직여온 정신성, 곧 에토스Ethos

라고도 한다. 어떤 민족, 어떤 국민인들 신바람이 없겠냐마는 우리가 유독 강하다.

한국학의 최고 권위자 중 한 사람이었던 언론인 이규태 선생은 "사람들은 누구나 논리적이고 과학적이며 이성적인 표층 아래에 신바람이 잠재되어 있는데, 민족이나 문화권에 따라서 그 신바람이 표층 가까이에 있거나 깊이 있을 수 있고, 표층의 억압을 많이 받거나 덜 받으며, 또한 신바람이 활성이거나 비활성이거나의 차이가 있을 따름이다. 그런데 우리 한국인의 신바람은 상대적으로 표층 가까이에 있고 표층의 억압을 덜 받으며 반응 속도가 빠른 편이라 결국 신바람 민족"이라고 했다(이규태,《한국인의 힘 2》, 신원문화사, 2009).

자, 그러면 어떻게 하여 당신의 회사에 신바람이 불게 할까? 아무쪼록 조직의 리더는 이 과제를 깊이 궁리하여야 한다. 그리하여 체계를 만들고 회사 특유의 문화로 정착시킴으로써 원칙을 준수하고 윤리와 직업모럴이 함께하는 신나는 풍토를 만들어야 한다. 가장 도덕적이기에 가장 떳떳하고, 가장 프로답기에 가장 생산적이며, 가장 윤리적이기에 가장 위대한 회사가 되도록 말이다.

윤리가 살아 숨쉬는
문화

신바람을 일으키기 위해 동원되는 수단 중의 하나가 소통 그리고 자유다. 그래야 창의와 혁신이 작동하여 궁극적으로 생산성이 높아지기 때문이다. 최근 기업마다 수평적이고 자유로운 조직문화를 만들기 위해 여러 아이디어를 내놓고 있다. 좋은 일이다.

2016년 6월, 삼성전자는 미국 실리콘밸리 스타트업(신생 벤처기업)과 같은 수평적인 조직문화를 갖추기 위해 대리, 과장, 차장, 부장 등 현행 직급을 없애고 '○○○님'이나 '프로pro' 등의 호칭을 쓰겠다고 발표했다. 또한 복장 자율화를 통해 반바지를 착용해도 좋다고 했다. 아마도 역사상 가장 더웠다는 여름 날씨가 한몫했던 것 같다.

삼성전자만 그런 건 아니다. 요즘 거의 모든 직장에서 신세대 직원들의 구미에 맞는 여러 제도를 선보이고 있다. 현대자동차그룹은 스마트 경영의 일환으로 워크스마트를 시행한단다. 불필요한 회의는 줄이고 결재 대기 시간을 단축해 빠른 의사 결정이 가능토록 하는 한편 자유로운 문화를 형성할 수 있도록 유도하는 것이 워크스마트의 요지다.

특히 스마트한 기업문화를 확산하기 위해 이미 매주 수요일을 스마트데이로 정하고 삶의 질과 생산성을 높이겠다고 했다. 스마트데이는 매주 수요일 5시 30분 정시 퇴근을 적극 권장하는 프로그램으로 불필요한 초과 근무를 없애고 직원의 복지 및 사기 증진을 위한 것이란 게 그동안 보도된 내용이다(한국경제, 2016. 7. 18.).

맞춤형 문화가 조직문화다

좋다. 다 좋다. 수평적 문화를 만들고 자유로운 풍토를 조성하겠다는데 누가 반대하겠는가? 야근을 없애고 저녁이 있는 삶을 보장하겠다면 모두 환호할 것임에 틀림없다. 그러나 한 가지 명심할 것이 있다. 그런 문화 캠페인이 보여주기식 쇼가 되거나 대외 홍보용이 돼서는 안 된다는 사실이다. 그 자체가 비윤리적이다. 그렇게 되면 진정성이 결여되고 그럼으로써 비윤리적 조직문화를 잉태할 수 있다.

조직문화는 각각의 회사에 맞는 문화를 만들고 당당히 나가야 한다. 맞춤형 문화여야 한다. 괜히 외국의 어떤 회사나 잘나간다는 유명한 기업을 흉내 내어 부화뇌동해서는 안 된다. 톡톡 튀는 아이디어로 놀이터처럼 자유분방하게 하여 큰 실적을 올린 회사가 있는 반면에 엄격한 군대식 문화로 세계적 명성을 얻은 회사도 있다.

회사도 그렇지만 직장인들도 환상에서 깨어나야 한다. "삼성전자가 저런 문화를 만들고 현대자동차가 스마트데이를 운영하는데 우리는 뭐냐?"고 볼멘소리를 한다면 아직 생각이 짧은 것이다. 당신의 회사는 삼성전자가 아니며 현대자동차도 아님을 냉정히 자각해야 한다. 회사의 상황과 일의 성격에 따라 근무 제도나 문화는 다를 수밖에 없음을 인정해야 한다. 글로벌 기업으로 지구 반대편에 있는 나라와 일을 도

모하는 회사라면 낮과 밤을 거꾸로 일할 수밖에 없는 것이며, 회사에 긴급한 현안이 생겼다면 일주일, 아니 한 달 내내 야근을 하는 것을 넘어 회사에서 숙식을 해도 어쩔 수 없는 것이다.

중요한 것은 계속 강조하지만 진정성이다. 진정성이야말로 윤리의 바탕이기 때문이다. 사원들을 진심으로 사랑하고 그들이 신바람 나게 일하도록 하겠다는 진정한 마음가짐이 있다면, 그리고 쓸데없는 일을 덜어 가능한 한 많은 시간을 부여하여 삶의 질을 높여줘야겠다는 결심이 있다면, 또한 어떤 의견이든지 마음껏 말할 수 있고 심지어 실패도 쾌히 허용되는 자유로움을 주겠다는 진심 어린 마음이 있다면, 나머지는 저절로 해결된다. 경영진의 그런 뜻이 이심전심으로 파급되어 자연스럽게 그에 걸맞은 제도가 나오고 곧 문화로 자리잡게 된다는 말이다. 그렇게 되면 복장 따위야 아무려면 어떻고, 필요에 따라 흔쾌히 야근을 할 수도 있는 것이다.

복장 자율화나 정시 퇴근 등 자유로운 직장문화를 만들자는데 재를 뿌리는 건 절대 아니다. 그것이 나쁘다거나 바람직하지 않다고 부정하는 게 아니다. 그 노력을 인정한다. 그러나 본말이 전도돼서는 안 된다는 것을 지적한다. 어떤 조직문화를 조성하든 기본적으로 윤리적이어야 한다는 것을 강조하려는 것이다.

결론적으로, 수평적 문화를 만든다는 것이 위계질서를 무너뜨리는 것이 되어서는 안 되며, 자유로움이 방만이나 제멋대로여서는 안 된다는 이야기다. 어떤 경우라도 직업모럴과 윤리가 빳빳이 살아 숨쉬는 문화여야 한다. 그것이 전제되지 않은 조직문화란 망하는 지름길을

278

향하는 것에 다름 아니다.

따라서 조직문화의 방향도 지금처럼 수평, 자유에서 한발 더 나가 장인 문화, 프로페셔널 문화, 윤리 도덕 문화, 원칙 문화를 확립해야 한다. 향응이 절대 발붙이지 못하는 문화, 프로가 아니면 살아남지 못 하는 문화, 법과 원칙대로 해야 마음이 편한 문화, 윤리와 도덕이 살아 숨쉬는 문화, 남에 대한 배려와 친절이 우러나는 문화, 그리고 고객을 위한 가치 창출에 전념하는 문화, 서로 함께 가며 사랑하는 문화가 돼 야 한다는 말이다.

조직문화를 만드는 법

조직문화란 개인으로 말하면 개성과 같은 것이다. 이것은 조직의 내외적 활동 과정에서 형성되거나 개발된다. 조직문화의 핵심적인 요소는 조직 구성원들의 가치 의식(신념, 태도, 경영철학, 기업정신 등)과 행동 방식(업무 수 행의 태도와 방식, 대인 관계 등)으로 집약할 수 있는데 이런 것이 조직의 윤리 수준을 결정하는 데 매우 중요하다. 오히려 조직 윤리의 수준은 조직원 개 개인의 도덕성보다 조직문화 – 분위기, 풍토 – 에 더 큰 영향을 받는다.

그럼 조직문화는 어떻게 형성되는가? 크게 보면 세 가지 방안이 적용된다. 첫 번째는 문화 운동이다. 실제로 여러 기업에서 캠페인성 활동을 많이 하 고 있다. 윤리 데이, 윤리 헌장 따위를 만들어 선포하고 집단을 모아놓고 선 서를 하는 식으로 분위기를 잡는 것, 또는 '안 주고 안 받기 운동(치사하지만)' 등이 그런 활동에 속한다. 두 번째는 역시 교육 훈련이다. 꾸준한 교육을 통하여 조직 구성원들 사이에 가치를 공유하게 하고 그럼으로써 그 가치가 하나의 문화로 자리잡게 하는 것이다. 세 번째는 강력한 통제 또는 제재다. 쉽게 말해 신상필벌이다. 윤리와 직업모럴을 잘 지키는 사람이 대접받고 승진할 수 있는 체계가 서야 한다. 당연히 그 반대의 사람은 퇴출되는 규정이 제대로 작동해야 한다. 그러면 그것이 조직의 문화로 정착될 것이다.

한 가지 덧붙이자면, 그럼에도 불구하고 조직문화 형성의 결정적 요인은 최고경영자의 윤리의식이다. 문화는 톱 리더의 의식 수준에 좌우되기 때문이다. 여러 번 강조하지만, 윤리의 결정적 변수는 최고경영자의 진정성 있는 윤리의식에 있다.

윤리와 직업모럴을 실천하는 최선의 길

윤리와 직업모럴에 관한 책을 써야겠다고 처음으로 생각한 때는 세월호 사건이 발생했을 때였다. 그 사건의 원인에서부터 사후 조치까지 보여준 국가 기관과 공무원, 선장과 승무원들의 행태는 윤리니 모럴이니 하는 것을 떠나 과연 우리들이 직업인으로서의 기본이 돼 있느냐를 다시 돌아보게 했기 때문이다.

그렇게 작심은 했지만 바쁜 일상으로 인하여 뒤로 물러나 있던 계획에 다시 시동이 걸리고 속도를 낼 수 있도록 힘을 보태준 것은 책의 본문에서 밝힌 바 있듯이 김영란법의 시행과 최아무개 일가의 국정농단 사태다.

정말이지, 이제는 직장 생활이든 삶이든 윤리와 도덕, 그리고 바른 직업의식으로 다시 시작해야 할 것 같다. 기본으로 돌아가야 하며, 원칙을 지켜 일하고 살아야 한다. 그러지 않으면 한 개인의 불행에 그치지 않고 사회적 불행, 국가적 파탄에 이를 수 있음을 분명히 보지 않았는가.

젊은 시절, 선배들이 직장을 떠나면서 이런 말을 꼭 했다.

"대과 없이 마칠 수 있어서 다행이다."

그럴 때 젊은 우리들은 선배들의 그 말을 비판했다. 어떤 업적을 쌓았는지를 말해야지 큰 과오 없이 떠나는 게 뭐 그리 대수냐고.

그런데 이제 알겠다. 수십 년의 직장 생활을 대과 없이 끝내는 게 얼마나 큰 행운인지를. 그만큼 수많은 지뢰밭을 헤쳐가야 하는 게 직장생활이다. 그 지뢰밭을 거리낌 없이 당당히, 지속적으로 걸어가는 지혜가 바로 윤리요 직업모럴이다.

세계적인 윤리 전문가 브루스 와인스타인Bruce Weinstein은 사회가 복잡해지고 가치관이 혼란스러워질수록 현명한 선택과 행동을 하게 해주는 윤리 지능Ethical Intelligence이 필수적이라고 했다. 사회적 관계 속에서 상처를 주고받지 않으며 올바른 삶을 살기 위해서는 지능 지수IQ와 감성 지수EQ를 넘어 윤리 지능을 갖춰야 한다는 것이다. 그러면서 윤리 지능의 다섯 가지 기준(원칙)을 다음과 같이 제시하였다.

첫째, 남에게 해를 끼치지 마라.
둘째, 상황을 개선하라.
셋째, 다른 사람을 존중하라.
넷째, 공정하라.
다섯째, 사랑하라.

브루스 와인스타인도 그랬듯이 나도 이중에서 '사랑하라'는 다섯번째 원칙을 제일로 꼽는다. 윤리의 궁극적인 종착지는 사랑이라고 믿기 때문이다. 와인스타인도 강조했다. 사랑은 나머지 네 가지 원칙처럼 의무적인 사항은 아니지만 우리가 열망하는 윤리의 이상적인 목표라고(브루스 와인스타인,《윤리지능》, 송기동 옮김, 다산북스, 2012).

사랑이라는 말이 너무 거창하게 느껴지거나 선명하게 다가오지 않는다면 배려, 인정, 친절을 떠올리면 된다. 그리고 그에 덧붙여 애절한 마음과 진정성, 몰입을 생각하라. 그렇게 사랑한다면 그밖의 네 가지는 저절로 해결된다. 부정과 비리가 발붙일 수 없으며, 자연스럽게 직업모럴이 정립되고 프로근성이 발휘된다.

아무쪼록, 사람을 사랑하고 일을 사랑하며, 세상을 사랑하는 삶을 살아보자. 그것이 곧 당신 자신을 사랑하는 길이요, 윤리와 직업모럴을 실천하는 최선의 길이다.